AI와 다도 교육

AI총서

인공지능 시대입니다. 기계가 인간의 인지를 대신하고, 사물이 인간을 통하지 않고 다른 사물과 직접 커뮤니케이션합니다. 이에 따른 인간 삶과 문명 변화를 정확히 이해 · 예측 · 대응하는 것은 이 시대 우리 모두의 과제입니다. AI총서는 인공지능 기술과 환경의 여러 주제를 10가지 키워드로 정리합니다. 관련 개념과 이론, 학계와 산업계의 쟁점, 우리 일상의 변화를 다룹니다. 인간과 기술의 현재, 미래를 세심히 분석합니다.

일러두기

- 인명, 작품명, 저서명, 개념어 등은 한글과 함께 괄호 안에 해당 국가의 원어를 병기했습니다.
- 외래어 표기는 현행 어문규정의 외래어표기법을 따랐습니다.

처음이세요?

전문가세요?

AI와 다도 교육

윤병화·경혜영

대한민국, 서울, 커뮤니케이션북스, 2025

AI와 다도 교육

지은이 윤병화·경혜영
펴낸이 박영률

초판 1쇄 펴낸날 2025년 12월 9일

커뮤니케이션북스(주)
출판 등록 2007년 8월 17일 제313-2007-000166호
02880 서울시 성북구 성북로 5-11
전화(02) 7474 001, 팩스(02) 736 5047
commbooks@commbooks.com
www.commbooks.com

ISBN 979-11-430-1315-6 03500

책값은 뒤표지에 표시되어 있습니다.

차례

기술과 인간성 사이에서

지난 70여 년간 AI는 지속적으로 발전해 왔고, 현재 중대한 전환점에 서 있다. AI는 인류의 삶의 효율성을 높였지만, 인간의 정체성, 감성, 공동체 유대감은 점점 위협받고 있다. 이러한 흐름 속에서 인간 고유의 감성에 대한 배려를 중시하는 전통문화는 기술 중심의 사회에서 일정한 균형추 역할을 할 수 있다. AI 시대를 살아가고 있는 현대인들은 아날로그 감성을 지닌 전통문화의 본질적인 가치를 재조명해야 한다. 기술 중심 사회에서 인간성을 회복하고, AI 기술의 역기능을 보완할 수 있는 중요한 실마리가 될 것이다.

이 책에서는 AI 시대 전통문화로서의 다도의 가치를 살펴보고, 차 문화가 기술과 인간성 사이에서 균형을 잡고 조화로운 사회를 만드는 데 어떤 역할을 할 수 있는지를 논한다.

AI 시대, 핵심 역량과 다도의 만남

첨단 기술이 일상화된 사회일수록 인간 고유의 역량이

더욱 중요해지고 있다. 특히 기계가 대체하기 어려운 정서적 · 맥락적 감각, 창의성, 신체적 감각 등이 미래 사회의 핵심 경쟁력이 될 것이다. 이러한 감각은 경험과 수련을 거쳐 길러지며, 다도 교육은 이를 위한 효과적인 방법이 될 수 있다.

첫째, 정서(Emotional) 감각이다. 자기 인식, 자기 조절, 동기 부여, 감정 이입 등을 통해 생각과 감정을 정리하고 타인과의 관계를 맺는 감각으로, 인간 중심 사회에서 더욱 부각된다. 다도의 절제된 말과 행동, 상대를 배려하는 예법은 내면을 다스리고 감정을 조율하는 훈련이 된다.

둘째, 맥락(Contextual) 감각이다. 인지한 것을 이해하고, 자신의 삶에 적용하는 감각이다. 이는 불확실성이 높은 시대에 필수적인 요소로, 칸막이식 사고에서 벗어나 경계를 유연하게 넘나들며, 다양한 이해관계를 통합하는 역량이다. 다도는 차를 마시는 시간, 장소, 상대, 계절에 따라 달라지는 예법을 중시함으로써 실생활의 맥락적 감각을 길러 준다.

셋째, 영감(Inspired) 감각이다. 창의성과 직관을 포함한 개념으로, AI가 흉내 내기 어려운 인간 고유의 감각이다. 다도는 찻자리 연출, 도구 선택, 물의 온도 조절 등 감각적 직관과 미적 판단을 자극하는 행위로 영감 감각을 자연스럽게 일깨운다.

넷째, 신체(Physical) 감각이다. 신체의 감각과 세밀한 조작 능력을 의미하며, 인간만이 지닌 중요한 소통 수단이다. 다도의 동작은 느리지만 정교하며, 찻잔을 잡는 손끝에서부터 몸 전체의 균형 감각까지 섬세한 훈련을 요구한다.

이처럼 다도는 상황에 맞는 행동을 익히게 하고, 내면을 다스리는 정서적 조절력, 직관적인 영감 능력, 그리고 몸의 감각을 예민하게 하는 수련의 도구다.

AI 사회에서 되살아나는 다도의 가치

AI는 우리의 삶을 근본적으로 바꾸고 있다. 인공지능 로봇, 클라우드 컴퓨팅, 정보 통신 기술, 생명공학 등 일정한 지능을 가진 기계가 끊임없이 인간의 영역을 대체하고 있다. 하지만 AI 기술이 일상을 지배하는 시대일수록 인간 고유의 가치와 삶의 질을 회복하려는 노력이 중요하다.

다도는 심신 회복과 사회적 연대를 이끄는 삶의 한 방식이다. 인간성 회복을 이끄는 통합적 삶의 문화로서 다도는 다음과 같은 가치를 지니고 있다.

첫째, 심신적 가치다. 다도는 내면의 평온과 삶의 여유를 회복시키는 치유적 문화다. 차를 우리는 과정은 정신을 안정시키고, 차에 함유된 유효 성분은 현대인의 각종 성인병을 예방하며, 치유에 도움을 준다. 정신적 안정 효과는 불안감과 스트레스를 해소해 심신을 안정화시킨다. 향과 맛, 도구의 감촉 등은 감각을 일깨운다.

둘째, 사회적 가치다. 다도는 타인과의 소통을 회복시키고, 예절과 인내를 기르는 수양의 장이자 인성 함양을 위한 교육적 도구다. 다도는 AI 사회에서 유의미한 평생학습 자원이다. 차를 나누는 행위는 세대, 계층, 문화를 넘나드는 소통의 창구다.

셋째, 윤리적 가치다. 인간성이 약화된 사회에서 다도는 인간 고유의 품격과 '인간성'을 회복하고, 공동체 의식을 강화한다. 차를 함께 나누는 자리는 나보다 남을 먼저 생각하고, 나눔과 배려를 실천하는 윤리적 공간이다.

다도는 단절과 불균형의 시대에 인간다운 삶의 문화를 회복하는 중요한 사회적 자산이다.

AI 시대, 인간 중심 문화의 길

우리 사회는 이미 AI 시대에 깊숙이 들어서 있으며, 혁신적인 기술의 발전은 인간의 삶과 사회 구조를 빠르게 변화시키고 있다. 그러나 AI 기술의 개발과 사용은 무엇보다 인간 중심의 방향성을 견지해야 하며, 개발자, 의사결정자, 사용자 모두 공공의 이익과 공동체 가치를 고려해야 한다.

다도는 정신적 · 육체적 · 물질적 요소를 아우르는 복합적인 문화이자 감성적 성찰과 공동체적 배려, 그리고 지속 가능한 삶의 방식을 체화하는 문화다. 다도는 AI 시대의 윤리적 · 사회적 문제를 완화하고, 융합형 미래 인재의 핵심 역량을 기를 수 있는 대안적인 사회교육이다.

다도는 디지털 사회와 조화를 이루면서 인간 중심 문화를 창조하는 중요한 역할을 할 수 있다.

AI 시대, 다도 콘텐츠의 문화 외교 자산화

우리 다도는 유구한 역사와 가치를 지니고 있다. 그러기에 다도 관련 콘텐츠도 풍부하다. 다양한 분야의 K-문화(Cultural)가 전 세계적으로 확산되고 있는 오늘날, 다도 역시 K-다도라는 문화 외교 자산으로서 충분한 경쟁력이 있다.

현재 국가에 등록된 차 관련 문화유산은 '궁중다례의식(宮中茶禮儀式)'(서울특별시 무형유산), '규방다례(閨房茶禮)'(인천광역시 무형유산), '제다'(국가무형유산),

'고종 황제 · 명성황후 다례발기(高宗皇帝 · 明成皇后 茶禮發起)'(경상남도 유형 문화유산)가 있다. 긴 역사를 가진 차 문화에 비해 문화유산 지정은 소수이지만 다도의 각 영역에 담긴 콘텐츠는 문화 외교 자산으로서 손색이 없다. 물론 국가의 정책적 지원이 있어야 가능한 부분이다.

문화 외교 자산으로서의 다도 콘텐츠를 활용하는 방안으로는 서울특별시 무형유산으로 지정된 '궁중다례의식'을 K-궁중 다례로 홍보하거나, 오늘날 기능이 쇠퇴한 공간인 누정(樓亭)을 '다원(茶園)'으로 재해석해 활용하는 것을 들 수 있다. 다도를 시연에만 국한할 것이 아니라, 짜임새 있는 스토리를 담은 공연 예술로도 승화할 필요가 있다. 김종직(金宗直), 김시습(金時習), 이목(李穆), 서산대사(西山大師), 정약용(丁若鏞), 김정희(金正喜), 초의선사(草衣禪師), 최치원(崔致遠) 등 차인들의 발자취를 다도 순례 코스로 개발한다면 훌륭한 문화 외교 자산이 될 수 있다. 역사 속 차인들은 차만 즐겼던 사람들이 아니라 한 시대의 정치, 문화, 사회를 아우르는 시대정신을 대표한 인물들이기 때문이다.

다도 교육을 세계화하려면 차 문화와 철학을 소개하는 것뿐만 아니라 다른 문화와의 융합 가능성과 체계적

제도 기반을 갖춘 전략이 필요하다.

첫째, 전통 다례 절차를 다양한 언어로 번역한 콘텐츠와 다문화적 맥락을 고려한 교육 모듈을 개발한다.

둘째, 해외에 있는 세종학당이나 한국문화원과 연계해 다도 워크숍, 전시회, 다례 시연 등을 정기적으로 개최함으로써 사람들이 직접 체험할 기회를 제공한다. 나아가 AI 기술을 활용해 다도 체험 수업을 영상 콘텐츠로 제작하거나 다도 절차를 인터랙티브하게 체험할 수 있는 온라인 플랫폼을 구축한다면, 현지 교사와 학습자 모두가 더욱 쉽게 접근할 수 있다.

셋째, K-팝, 한식, 한복 등 기존 한류 콘텐츠와 결합한 다도 체험 융합 프로그램을 기획해 젊은 세대의 관심을 유도한다.

또한 디지털 전환 시대에 맞게 다도 콘텐츠를 글로벌 플랫폼화하는 것이 중요하다. AI 기반 다도 교육 앱을 개발하거나 다례 시연을 메타버스에 구현하고, 전통 찻사발을 NFT로 전환하는 시도는 세계 시장에서 다도의 문화적 경쟁력을 확보하는 수단이 될 수 있다. 이 전략들은 국제적 문화 교류의 중심에서 한국이 주도적인 역할을 하는 발판이 될 것이다.

AI 시대, 다도의 방향

AI 시대의 다도는 AI와 디지털 소양을 함양하는 방향으로 나아가야 한다. AI와 인간의 협업을 기반으로 다도 교육도 새로운 시스템을 모색해 볼 수 있다.

첫째, 몰입형 교육의 도입이다. VR과 AR 기술을 활용해 차실에 가지 않고도 다양한 공간과 상황에서 다도 의식을 경험할 수 있다.

둘째, 프로젝트 학습 도입이다. AI 융합 교육에서 도덕적 가치관 함양을 위해 프로젝트 학습이 효과적이라고 볼 때, 다도 교육에도 프로젝트 학습을 도입해 창의성과 정보 처리 역량을 키울 수 있다.

셋째, 메타버스 융합이다. AI와 메타버스를 결합한 다도 교육 프로그램을 개발해 가상 공간에서 차 문화를 교류하고 학습하는 방법을 모색할 수 있다.

넷째, 챗GPT 활용이다. 챗GPT 같은 대화형 AI를 활용해 다도의 정보를 쉽고 재미있게 습득하는 교육 프로그램을 개발한다.

차 문화에는 차 도구, 예절, 음악, 공간 구성 등 다양한 문화적 요소가 내포되어 있다. 이러한 콘텐츠를 AI 교육 자료로 개발해 누구나 활용하고 재구성할 수 있도록 제공한다.

오늘날의 AI 사회에서는 인간의 감성과 인성이 더욱 중요해지는 만큼, 인성 함양에 효과적인 다도 교육을 수업 콘텐츠로 도입할 필요가 있다. 향후 다도 교육 과정 편성을 위해 다도 교사 양성, 교육 과정 개발 등의 지속적인 노력이 필요하며, 학습 활동에 엔터테인먼트적 요소를 가미해 흥미를 유발해야 한다.

오늘날 우리 다도에서 간과해서는 안 될 부분이 있다. 현존하는 왕실 다례다. 현재까지도 황실에서만 전수되는 특별한 다례, 즉, '진전다례(進奠茶禮)와 작헌례(酌獻禮)' 등 귀중한 문화유산은 황실 세대가 바뀌면 사라질 위험이 매우 크다. 황실의 다례 문화가 원형을 잃기 전에 디지털 큐레이션(Digital Curation)을 기반으로 기록하고 계승해야 한다. 또는 AI 기반 예술 교육 및 디지털 문화유산 보존에 활용할 수 있는 모델을 활용하여 사라질 위기에 처한 왕실의 차 문화를 지켜야 한다.

참고문헌

문화재청(2016.12.12). "한국 '제다(製茶)'의 보존가치와 전승방안을 논하다",
https://www.khs.go.kr/newsBbz/selectNewsBbzView.do;jsessionid=WBn3o1JFsaGi0hTZDSWq1KCH6tB0KTj57abVaF0TH3n9ePvHlHDaaGf3kosI0BHw.cha-was02_servlet_en

gine1?newsItemId=155700091&sectionId=b_sec_1&pageIndex=532&mn=NS_01_02_01&strWhere=&strValue=&sdate=&edate=

서울시청. https://www.seoul.go.kr/main/index.jsp

박라미 외(2025). “AI를 활용한 멀티모달 분석 기반 디자인 언어 이해: 가우디 건축 사례를 중심으로”. 《디지털콘텐츠학회논문지》, 26(5), 1161·1169쪽, https://www.kci.go.kr/kciportal/ci/sereArticleSearch/ciSereArtiView.kci?sereArticleSearchBean.artiId=ART003204539

사동궁(2024.10.3). “대한황실가족의 명절 – 왕실가에서 전해지는 진전다례, 별다례, 성묘 작헌례”, https://blog.naver.com/sadonggung/223605373162

예지원(2020.10). “4차 산업혁명 시대의 인성 교육을 위한 차문화 적용 연구”. 원광대학교 석사학위논문. https://wonkwang.dcollection.net/public_resource/pdf/200000376424_20250919110451.pdf

윤병화(2023). “국가무형문화재 ‘제다’의 문화 콘텐츠 강화 방안 연구”. 《차문화산업학》, 60, 55–72쪽, https://www.kci.go.kr/kciportal/ci/sereArticleSearch/ciSereArtiView.kci?sereArticleSearchBean.artiId=ART002977102

이순임(2013.8). “차(茶)문화와 누정(樓亭)문화의 상관성 연구”. 조선대학교 박사학위논문, https://chosun.dcollection.net/public_resource/pdf/200000264077_20250919212211.pdf

이행철·김일림(2021.12). “차인(茶人) 최치원 연구”. 《동아인문학》, 57, 411–444쪽, https://www.dbpia.co.kr/journal/articleDetail?nodeId=NODE10893642

지현아(2017). “4차 산업혁명 시대의 대학 인성 교육 방향 연구”.

《교양교육연구》, 11(6), 39-61쪽,
https://www.kci.go.kr/kciportal/ci/sereArticleSearch/ciSereArtiView.kci?sereArticleSearchBean.artiId=ART002299635

황선락(2024). “인공지능과 메타버스를 융합한 나라사랑 교육 프로그램 개발 및 적용: 초등학교 5학년을 중심으로”. 한국교원대학교 석사학위논문,
https://dcollection.knue.ac.kr/public_resource/pdf/000000042005_20250920020252.pdf

Schwab, K.(2018). *Shaping the fourth industrial revolution*. WEF. 김민주·이엽 옮김. 《클라우스 슈밥의 제4차 산업혁명. 더 넥스트》(2018). 메가스터디북스,
https://www.weforum.org/focus/shaping-the-fourth-industrial-revolution/

01
AI의 본질과 알고리즘 사회의 도래

AI는 인간의 지능 활동을 기계가 수행할 수 있도록 고안된 기술이다. 이 개념은 1950년대에 처음 제시된 이후 지속적으로 발전하며 오늘날 사회 전반에 깊이 스며들고 있다. AI 알고리즘은 효율적이지만 설계자의 의도에 따라 편향될 수 있고, 내부 작동이 불투명한 '블랙박스'라는 한계를 지닌다. 이로 인해 인간 존엄성 문제와 플랫폼 노동의 불안정성 등 다양한 사회적 변화와 과제가 발생하고 있다.

기후 위기와 인공지능?

AI와 알고리즘 사회

인공지능(Artificial Intelligence, AI)은 인간의 지능 행위를 컴퓨터나 기계가 구현하도록 한 기술이다. 1950년 수학자이자 컴퓨터 과학자인 앨런 튜링(Alan Turing)이 철학 저널 《마인드(Mind)》에 "계산 기계와 지능(Computing machinery and intelligence)"을 발표하며 개념적 토대를 마련했다. 이후 컴퓨터 과학자이자 인지과학자인 존 매카시(John McCarthy)가 1955년 "지능이 있는 기계를 만들기 위한 과학과 공학"이라는 논문에서 인공지능(AI)이라는 용어를 사용했다. 1년 뒤 이 용어는 인공지능을 주제로 한 다트머스 회의(Dartmouth Conference)를 통해 학계에 알려졌다. 당시 존 매카시는 AI를 "인텔리전트한 기계를 만드는 과학과 공학(The science and engineering of making intelligent machines)"으로 정의했다.

AI는 단순한 연산과 반복 작업에 머물렀던 초기 단계에서 벗어나 인간의 사고와 판단 일부를 대체할 수 있을 만큼 비약적으로 발전해 왔다. 그 진화 과정은 크게 세 가지 주요 전환점을 중심으로 이해할 수 있다.

첫 번째 전환점은 1956년부터 1970년대 초까지로, AI에 대한 과도한 기대가 부풀었던 시기다. 초기 연구자들은 인간 수준의 지능을 바로 구현할 수 있다는 낙관적 전망 아래 비현실적인 목표를 설정했지만, 기술적 한계와 계산 자원의 부족으로 침체기에 접어들었다.

두 번째 시기인 1970년대부터 1990년대 초반까지는 AI 기술의 확장을 시도했으나, 대규모 프로젝트들이 기대만큼의 성과를 내지 못하면서 정체기가 이어졌다. 이 시기 AI 시스템의 복잡성은 증가했으나, 실질적인 성능 향상은 미미했고, 비용 대비 효율성에 대한 비판도 제기되었다.

세 번째 전환점은 1990년대 중반 이후로, 인터넷 기술의 비약적인 발전과 함께 AI 연구도 다시 탄력을 받기 시작했다. 특히 1997년 IBM의 슈퍼컴퓨터 '딥 블루(Deep Blue)'가 세계 체스 챔피언 가리 카스파로프(Garry Kasparov)를 꺾으면서 AI는 대중의 주목을 받아 기술적 상징성을 확보했다.

이후 2000년대에 접어들면서 AI는 혁신적 알고리즘의 개발, 컴퓨팅 파워의 비약적 향상, 데이터의 폭발적 증가라는 세 가지 요인이 맞물려 급격히 발전했다. 빅데이터(Big Data), 클라우드 컴퓨팅(Cloud Computing), 초고속 인터넷(High-speed Internet) 등의 기반 기술이 AI 성능을 뒷받침했고, 그 결과 음성 인식, 자연어 처리,

자율 주행 등에서 가시적인 성과를 냈다.

이러한 기술의 진보는 물리적, 생물학적 영역이 디지털 기술과 융합되어 4차 산업혁명을 촉발했다. 그 결과 자율주행 자동차(Autonomous Vehicles), 사물 인터넷(Internet of Things), 양자 컴퓨팅(Quantum Computing) 등 새로운 제품과 서비스가 경제와 산업 전반에 등장하고 있다.

인공지능의 특징

인공지능의 특징은 초과속화, 초연결화, 초감성화, 초융합화, 초지능화를 들 수 있다.

첫 번째, 초과속화(Hyper-Speed)다. AI가 방대한 데이터를 순식간에 처리하며 기존의 인간 지능을 뛰어넘는 속도로 작동하는 것을 의미한다. 자율주행차의 실시간 판단이나 주식 시장의 초단타 매매 등이 대표적인 예다.

두 번째, 초연결화(Hyper-Connectivity)다. 사람, 데이터, 사물이 긴밀히 연결된 사회를 말한다. IP 카메라(Internet Protocol Camera), 도어 센서(Door Sensor), 만능 리모컨(Remote Control) 등 사물 인터넷(Internet of Things) 기기가 등장하고 있다.

세 번째, 초감성화(Hyper-Emotion)다. AI를 감정 및 창작 활동에 응용할 수 있다. 예를 들어, AI가 사용자의 감정 상태를 인식해 음악을 추천하거나, 감성 기반 작곡, 그림 등을 창작할 수 있다.

네 번째, 초융합화(Hyper-Fusion)다. AI가 사회, 문화, 정치, 경제, 산업 등 모든 분야를 아우르는 현상이다.

다섯 번째, 초지능화(Hyper-Intelligence)다. 강인공지능(Strong AI)을 넘어 인간의 지능적 사고와 행동을 완전히 구현해 내는 것을 의미한다. 딥 러닝(Deep Learning) 기술의 발전으로 그 가능성이 높아지고 있다.

AI와 사회 구조의 전환

오늘날 AI가 주목받는 이유는 기술 자체의 혁신성뿐만 아니라, 우리가 직면한 사회 구조적 문제들을 해결할 중요한 수단으로 여겨지기 때문이다.

예를 들어, 한국은 저출산 · 고령화로 인한 노동력 부족 문제를 겪고 있다. AI는 인력난을 완화하는 데 도움을 줄 수 있고, 사회적 과제에 대응할 수 있는 도구가 될 수 있다.

AI를 논의할 때는 기술적인 측면만을 볼 것이 아니라, 인구 구조 변화, 돌봄 위기, 사회적 약자 포용 문제 같은 사회적 맥락도 고려해야 한다.

알고리즘의 작동 원리와 한계

AI 알고리즘은 작업 과정을 이해하고 최적화된 서비스를 제공하도록 설계된다. 기업의 인사 실무, 학교의 학사 관리, 은행의 대출 및 신용 평가, 행정 서비스 등 다양한 분야에서 알고리즘이 활발하게 이용되고 있다.

AI 알고리즘은 겉으로 보기에는 객관적이고 중립적이지만, 그 설계와 적용 과정에는 늘 특정한 가치와 선택이 개입된다. 모든 알고리즘은 일정한 목적과 기준을 기반으로 설계되며, 이 과정에서 설계자의 관점과 사회적 편견이 의도치 않게 반영될 수 있다. 알고리즘은 단순한 기술적 도구를 넘어, 사회적 맥락과 윤리적 판단이 반드시 수반되어야 하는 '의사 결정 주체'로 간주되어야 한다.

AI의 학습은 기존 데이터를 입력해 결과 도출에 사용되는 가중치를 업데이트하고, 실제 값과 예측 값의 편차를 줄이는 과정이다. 즉, 알고리즘의 학습과정에는 설계자의 의도가 필수적으로 전제된다. AI는 대량의 데이터를 처리해 신속하고 효율적인 결정을 내리는 데 도움을 주지만, 공평성과 정의 같은 헌법적 · 윤리적 가치나 개인의 구체적 상황과 행위의 맥락까지는 반영하지 못한다. 알고리즘은 배려나 우대 같은 공동체가 추구하는 가치를 스스로 이해하거나 실천하려는 노력을 하지 않기 때문이다. 그러므로 상충하는 이해를 조정하고 휴머니즘을 실현하기 위해서는 올바른 알고리즘 설계가 무엇보다 필요하다.

블랙박스 운영 체제와 불투명성

AI의 핵심 요소인 알고리즘은 결과를 도출하기 위해 조정된 '단계별 명령의 시퀀스'를 의미한다. AI는 축적된 데이터를 바탕으로 학습하고, 알고리즘을 끊임없이 개선하고 수정해 생성한다.

알고리즘은 방대한 데이터를 기반으로 작동하며 복잡한 연산으로 이뤄져 있기 때문에, 그 내부 작동 방식이 외부에 드러나지 않는 '블랙박스(Black Box)' 현상이 나타난다. 이 현상은 딥 러닝의 작동 기반인 다층 퍼셉트론 구조와 깊은 관련이 있다. 다층 퍼셉트론은 입력층과 출력층 사이에 수많은 매개 변수가 서로 복잡하게 상호작용하는 은닉층(Hidden Layer)을 가지고 있다. 이러한 비선형적 상호작용은 기존의 문제 해결 방식으로는 해석이 불가능하다.

결과적으로, AI를 개발하고 관리하는 사람을 포함한 그 누구도 은닉층에서 알고리즘이 어떻게 계산되는지 정확히 알 수 없다. 이러한 비가시적인 알고리즘 운영 체계의 블랙박스 구조로 인해 개발자들은 매개 변수 값 설정에 제한적인 영향력만 행사할 수밖에 없다. 설령 개별 매개 변수 값이 알려져 있더라도, 복잡한 비선형적 상호작용을 해석하기가 거의 불가능하기 때문에 알고리즘의 결과 도출 방식은 매우 불투명하다.

자동화 의사결정의 기회와 위험

자동화는 인간의 개입을 최소화하고 기계나 시스템이 스스로 작업을 수행하도록 설계된 시스템을 말한다. 이는 반복적인 업무를 대체해 그 효율성을 높이는 데 기여를 한다. 자동화 시스템은 미리 프로그래밍된 '규칙'을 따르며, 행위의 '목적'이 이미 정해져 있어 완전한 '자율성'을 의미하지는 않는다. 공동체 내에서 다양한 결정을 내리는 자동화 시스템을 '자동화 의사 결정 시스템'이라고 부른다.

알고리즘에 의한 자동화 의사 결정은 개인에게 중대한 영향을 미칠 수 있다. 예를 들어, 의료, 법률, 정부 같은 중요한 분야에서 알고리즘은 개인의 고유한 특성을 고려하지 않고 광범위한 그룹의 하위 범주로 인간을 취급하는 경향이 있다. 이는 인간을 어떻게 바라볼 것인가에 대한 본질적인 질문을 던지게 한다. 또한, 자동화된 결정은 결과에 대한 책임 소재를 불분명하게 만들어 오류 발생 시 책임 주체를 명확히 규명하기 어렵다는 위험도 있다.

윤리적 거버넌스와 인간성 회복

AI 기술의 발전은 이제 인간 존재의 의미와 사회적 관계의 본질에 대한 성찰을 요구한다. 특히 자동화된 의사 결정이 인간 삶의 핵심 영역으로 확대되면서, 그 결정이 어떻게 이뤄지고 누가 책임을 질 것인지에 대한 논의가 더욱 중요해지고 있다. 알고리즘의 불투명성과 예측 불가능성은 인간에 대한 통제와 감시를 강화할 위험을 내포하고 있다.

이제 AI 사회의 핵심은 기술 자체가 아니라, 인간 중심의 거버넌스를 어떻게 설계할지에 달려 있다. 인간의 존엄성을 침해하지 않으면서도 기술의 이점을 사회 전체로 확장하기 위해서는 '윤리적 알고리즘 설계'와 더불어 사회적 합의를 도출해야 하는 시점이다.

참고문헌

김혜린(2023). "인공지능(AI)의 이해와 인공지능 기반 음악 도구의 예시 및 활용방안 연구: Arts PROPEL 모델을 적용해".

경희대학교 석사학위논문, https://khu.dcollection.net/public_resource/pdf/200000686649_20250919201004.pdf

민경훈(2019). "4차 산업혁명 시대 음악교육의 전망과 과제". 《음악교육연구》, 48(1), 53-74쪽, https://www.kci.go.kr/kciportal/ci/sereArticleSearch/ciSereArtiView.kci?sereArticleSearchBean.artiId=ART002445505

반가운 외(2021.12.31). "AI 시대, 미래의 노동자는 어떠한 역량이 필요할까?". 한국직업능력연구원, https://www.krivet.re.kr/kor/sub.do?menuSn=12&pstNo=E120220038

손은지(2023.6). "인공지능의 헌법적 위험과 대응적 규범체계 정립에 관한 연구". 숙명여자대학교 박사학위논문, https://dcollection.sookmyung.ac.kr/public_resource/pdf/000000071388_20250919201423.pdf

양지훈·윤상혁(2023.4). "ChatGPT를 넘어 생성형(Generative) AI 시대로: 미디어·콘텐츠 생성형 AI 서비스 사례와 경쟁력 확보 방안". 《MEDIA ISSUE & TREND》, 55, 62-70쪽, https://www.dbpia.co.kr/journal/articleDetail?nodeId=NODE11397616

장홍성(2024.2). "인공지능(AI) 기술을 활용한 음악 저작물의 저작권 동향". 세종대학교 석사학위논문, https://sejong.dcollection.net/public_resource/pdf/200000731764_20250919201815.pdf

한선관(2021). 《AI 사고를 위한 인공지능 교육》. 성안당.

02
AI 시대, 핵심 역량 교육의 중요성

AI는 사회 전반에 걸쳐 패러다임의 변화를 일으켰다. 이에 따라 역량 중심의 교육 체계가 부상하고 있으며, 인간의 핵심 능력을 탐색하는 것이 중요한 과제가 되었다. 이 탐색이야말로 인간과 AI가 공존하는 미래의 빛이 될 것이다.

노래하는 AI 보컬?

AI 시대의 핵심 역량과 교육의 변화

AI 기술은 사회의 인식 구조와 산업 환경을 급격히 변화시키고 있다. 추천 알고리즘이 개인의 소비 습관을 바꾸고 있듯, AI는 노동 시장에서 요구되는 인재 유형을 바꾸고 있다. 이제 AI와 소통하고 AI를 다루는 능력은 필수 교양으로 인식되기 시작했다. 이에 따라 기존의 지식 전달 위주 교육에서 벗어나, 학습자가 실제 정보와 지식을 활용하는 능력을 기르는 역량 중심 교육이 부상하고 있다.

역량 개념의 출발과 발전

역량 개념은 1970년대 초, 미국 국무성이 맥버 앤드 컴퍼니(McBer and Company)에 의뢰해 해외 공보요원을 선발하면서 본격적으로 주목받기 시작했다. 심리학자 매클렐런드(David Clarence McClelland) 교수는 기존의 선발 시험이 업무 성과와 무관함을 지적하며 우수 성과자들에게서 발견된 세 가지 특성—이문화 간 대인 감수성(Cross-Cultural Interpersonal Sensitivity), 타인에 대한 긍정적 기대(Positive Expectation of Others), 정치적 네트워크를 신속하게 파악하는 능력(Speed in Learning Political Networks)—을 도출했다. 그는 이를 역량

(Competency)이라고 명명하고, 논문 "지능 검사보다 역량 검사의 우위성(Testing for Competence Rather Than Intelligence)"에서 역량 개념에 동기와 성격이 포함된다고 주장했다. 그는 전통적인 지능보다는 개인이 수행하는 직무의 역량을 중요한 평가 대상으로 삼아야 한다고 강조했다.

매클렐런드 교수의 영향을 받은 많은 학자들은 역량을 "조직에서 고성과를 내기 위해 전문 지식과 기술을 바탕으로 행동하는데, 그 사람의 의욕과 근본적인 사고방식이 가미되어 발휘되는 구체적인 행동"으로 정의했다. 이처럼 직무를 수행할 수 있는 능력과 관련된 역량은 AI 시대의 복잡한 문제에 대처할 수 있는 포괄적인 능력을 의미한다.

AI 시대에 필요한 핵심 역량

AI 시대 요구되는 핵심 역량은 무엇일까. 주요 기구들의 발표 내용은 다음과 같다.

첫째, 세계경제포럼(World Economic Forum)이다. 세계경제포럼은 기초 지식(문해력, 수리 능력, 과학적 문해력, 정보 통신 기술 문해력, 금융 문해력, 문화 및 시민 문해력), 역량(비판적 사고 및 문제 해결, 창의성, 의

사소통, 협업), 성격 특성(호기심, 주도, 인내와 투지, 적응성, 리더십, 사회 문화적 인식)의 세 가지 범주를 제시했다.

둘째, ATC21S(Assessment and Teaching of 21st Century Skills)다. ATC21S는 역량을 정의하고 측정하는 방법을 개발하는 것을 주요 목표로 삼았으며, 주요 관심 분야는 21세기를 위한 혁신 교육, 21세기 기술에 대한 정의와 평가, 발전된 노동 환경을 지원하기 위한 교육 시스템을 개발하는 데 중점을 뒀다. 사고방식(창의력, 혁신력, 비판적 사고, 문제 해결 능력, 의사 결정력), 직무 수단(정보 문해력, 정보 통신 기술 활용 능력), 직무 방식(커뮤니케이션, 협력), 생활 방식(시민권, 생애 및 진로, 문화 인식과 역량을 포함하는 개인 및 사회적 책임감)을 핵심 역량으로 제시했다.

셋째, 경제개발협력기구(OECD)다. OECD에서는 'OECD 학습 나침반 2030'을 발표하면서 세 가지 변혁적 역량을 강조했다. 새로운 가치 만들기(보다 나은 삶을 만들기 위해 혁신적 사고와 행동을 함. 새로운 지식, 아이디어, 전략, 해결책을 고안해 신구 문제 해결을 위해 적용할 수 있음), 딜레마 해소하기(서로 모순되거나 상충하는 아이디어나 입장의 상호 연관성을 이해하고 이련 상황에서 나의 행동이 가져올 단기, 장기적 결과에 대해 고려함), 책임감 가지기(개인적, 윤리적, 사회적 목표를 고려하며, 자신의 행동에 대해 성찰하고 평가함)다.

이러한 국제적 기구들의 역량 기반 접근은 국내 교육 정책에도 점차 반영되고 있다. 교육부는 2022 개정 교육과정에서 '핵심 역량'을 중심에 두고, 학습자 스스로 문제를 해결하고 협업할 수 있는 능력을 강조하며, 자기 관리 역량, 지식 정보 처리 역량, 창의적 사고 역량, 심미적 감성 역량, 협력적 소통 역량, 공동체 역량 등의 함양을 강조하고 있다.

핵심 역량 교육의 사회적·경제적 의의

AI 기술이 일상 속에 깊숙이 스며드는 오늘날 경제의 성장성과 지속 가능성을 확보하기 위해서는 산업과 노동 시장의 변화에 대응하며 새로운 기회를 창출하기 위해 핵심 역량 강화 교육이 필수적이다.

핵심 역량 강화 교육의 목적은 단지 경제적 요구에 부응하는 데만 그치지 않는다. 학습자가 타인과 소통하고, 공동체에서 책임을 다하며 살아가는 데 필요한 정서적 공감과 도덕적 판단 능력이 중요하다. 이는 급변하는 사회에서 인간다운 삶을 유지하기 위한 사회적 연대의 기반이 된다.

경제 성장과 글로벌 경쟁력 확보

AI는 생산성 향상, 일자리 창출 등 구체적인 방식으로 경제 성장에 기여할 것으로 전망된다. 특히, 다양한 기술을 국가 및 기업의 전략적 계획에 통합한다면 가속화된 경제 발전과 글로벌 경쟁력 향상을 경험할 가능성이 매우 높다. 그 결과 AI 기술의 활용 및 관련 인프라 구축 역량은 국가 및 기업의 미래 경제를 좌우하는 핵심 요소가 된다.

노동 시장 변화에 대한 적응력

AI가 점차 더 많은 인지적 작업을 자동화함에 따라, 인간은 더 복잡하고 창의적인 작업을 수행할 수 있도록 지속적인 학습 및 재훈련 역량을 길러야 한다. 이를 위해 노동자의 재교육과 기술 향상을 위한 정책적 지원이 요구된다.

기술 격차 해소 및 사회적 포용

기술 격차로 인한 경제적 불평등을 줄이기 위해 사회적 취약 계층에 대한 교육 및 훈련 지원 강화가 필요하다.

이는 사회 전반에 걸친 디지털 역량 확충과 인프라 구축을 의미하며, 모두가 AI 시대의 혜택을 누릴 수 있도록 공공 데이터 플랫폼 구축해 접근성을 확대하고 사회적 안전망을 강화할 수 있는 디지털 역량을 강화한다.

신시장 창출 및 기업의 혁신 역량 강화

AI 기술의 발전은 '디지털 동반자' 시장 같은 새로운 비즈니스 영역을 빠르게 확장하고 있다. 음성 비서나 챗봇을 비롯해 사용자의 감정을 이해하고 교감하는 AI 시스템이 등장하며 매력적인 맞춤형 서비스를 제공하고 있다. 이러한 신시장을 선점하려면 기업은 기술 분석과 더불어 시민 참여를 통한 창의적 아이디어 발굴 역량을 키워야 한다. 이는 경영 전략 차원에서 변화를 촉진하는 중요한 요소가 될 것이다.

협력적 거버넌스 및 운영 역량 강화

협력적 거버넌스는 교육 정책의 기획, 실행, 평가 전반에 걸쳐 다양한 주체가 공동으로 참여하는 운영 방식이다. 정부, 교육청, 학교, 지역 사회, 민간 기관이 각자의 역할을 수행하면서도 상호 협의와 조정을 거쳐 교육의 질에 대한 책임을 함께 나누는 구조를 의미한다. AI 시대 복잡한 과제를 해결하려면 이러한 협력적 운영 방식이 더욱 중요해지고 있다.

AI 시대, 인간 고유 역량의 교육적 함의

AI 시대의 교육은 인간이 지닌 다양한 역량을 중심으로 재편되어야 한다. 인간만이 할 수 있는 분야의 역량을 키우는 것이 가장 중요하며, 인간의 고유성에 대한 깊은 이해, 인간 중심의 사고, 배려, 포용 등 따뜻한 마음의 형성을 포함한다. 바로 핵심 역량이 인간과 AI의 조화를 이루는 미래 사회로 나아가는 발판이 될 것이다. AI 시대의 핵심 역량은 윤리, 협력, 공감 등 인간 중심의 가치를 포함하는 통합적 역량이다. 따라서 역량을 길러 내는 것은 인간성과 공동체성을 기반으로 한 지속 가능한 미래를 여는 핵심 전략이다.

참고문헌

관계부처합동(2020.11.20). "인공지능시대 교육정책방향과 핵심과제", https://www.korea.kr/archive/expDocView.do?docId=39237

국가평생교육진흥원(2016.6). "4차 산업혁명의 시대에서 묻는 교육의 미래". 《2016 글로벌평생교육동향》, 2,

https://www.nile.or.kr/;jsessionid=30EC5ABA7D911FA51AEEADD192D5013/usr/wap/detail.do?app=12874&seq=4552&lang=ko

농림축산식품부(2007.6.25). "경력개발제도(CDP) 도입 등 농림부 인력관리 효율화방안", https://clik.nanet.go.kr/potal/search/searchView.do?collection=policyinfo&DOCID=CLIKC90532979888183989&query=%EB%86%8D%EB%A6%BC%EB%B6%80

한국지능정보사회진흥원(2024.12.4). "글로벌 미래전략 조사·분석", https://nia.or.kr/site/nia_kor/ex/bbs/View.do?cbIdx=82618&bcIdx=27514&parentSeq=27514

03
AI 시대, 교육의 전환점

AI는 인간의 삶을 재편하는 동시에 인간성을 약화하는 부정적 효과를 동반한다. AI에 대한 의존도가 높아질수록 인간은 타인과의 관계에서 거리감을 느끼고, 공동체 간의 유대는 약해질 수 있다. AI가 지적 노동을 대체하더라도, 인간만의 감성과 인문학적 통찰은 그 가치를 잃지 않아야 한다. 따라서 AI 시대의 교육은 인성, 창의력, 소통 능력 등을 기르는 방향으로 나아가야 한다.

인공지능과 편향?

AI 시대, 교육의 패러다임 변화

AI가 사회에 적극적으로 도입되면서 인간성 상실이라는 심각한 부작용을 낳고 있다. 인간과 기계의 경계가 모호해지고, 인간 존재에 대한 근본적인 위협으로 다가왔다. 비인간화된 익명성을 바탕으로 사이버 폭력이나 가짜 뉴스가 확산되면서 사회적 신뢰가 훼손되고 있다. 또한 빅데이터와 사물 인터넷을 활용한 감시 및 사생활 침해가 증가해 개인의 자유와 인간의 존엄성이 위협받는 상황이다.

이제는 AI의 양면성을 이해하고, AI 시대에 필요한 인재를 양성하기 위해 교육의 개념을 근본적으로 전환해야 할 시점이다. AI의 핵심은 학습, 추론, 예측 능력에 있다. 그렇기 때문에 AI가 인간을 단순히 대체하는 것에 그치지 않고, 인간 고유 능력과 AI의 역량을 결합해 시너지를 창출하는 방안을 고민해야 한다. 아무리 AI가 진보해도, 인간의 따뜻한 감성은 기계가 넘볼 수 없는 고유의 영역이기 때문이다.

이와 함께 인간이 인간다운 삶을 영위할 수 있도록 하는 지지대이자 버팀목인 인문학적 소양이 그 어느 때보다 중요하다. 인문학은 인간 존재의 의미와 삶의 본질을 탐구하며 사상과 문화에서 인간다움의 조건을 모색하는 학문으로, 복잡한 현실에서 삶의 방향성을 제시하는 역할을 한다. 그러므로 인문학 교육은 학습자가 지적 탐색과 감성적 체험을 활용해 건전한 가치관을 확립하고, 주체적으로 삶을 설계할 수 있도록 돕는 데 그 목적을 둬야 한다.

이처럼 AI 시대의 교육은 인간이 스스로 문제를 해결하고, 타인과 협력해 창의적인 아이디어를 만들어 낼 수 있도록 독립적 사고와 공동체적 감수성을 기르는 데 초점을 맞춰야 한다.

AI 시대, 왜 인성 교육이 필요한가?

AI 시대에 필요한 인재의 덕목은 과거와는 확연히 다른 모습을 보인다.

첫째, 유연성과 창의성이다. 과거 산업 사회에서는 조직에 순응하며 협조적인 매뉴얼형 인재를 필요로 했다면 AI 시대에는 급변하는 조직 환경에 능동적으로 대응하며 유연하고 창의적인 행동을 하는 인재가 요구된다. 고정 관념과 형식주의를 타파하고, 열린 마음으로 인식 전환을 하는 창의적인 인재가 미래 사회의 주역이 될 것이다.

둘째, 올바른 인성과 도덕성이다. AI가 인간의 지적

노동을 상당 부분 대체하면서 인간 본연의 가치와 윤리 의식이 더욱 중요해졌다. AI 시대에는 따뜻한 인간미와 도덕성, 건전한 가치관과 윤리 의식을 지니며 타인에게 신뢰감을 주는 인재가 필요하다. 올바른 인성과 도덕성은 AI 기술의 긍정적인 발전을 이끌어 가는 초석이 된다.

셋째, 도전 정신이다. 불확실성이 증대되는 AI 시대에는 새로운 지식과 기술을 끊임없이 학습하고 적용하는 도전 정신이 중요하다. 용기와 소신을 가지고 어떠한 난관에도 굴하지 않으며, 자신의 목표를 향해 끊임없이 도전하는 자세가 요구된다. 즉, 실패를 두려워하지 않는 긍정적 태도와 추진력을 바탕으로 나아가는 자세는 AI 시대 새로운 기회를 선점할 수 있는 핵심 역량이다.

넷째, 글로벌 마인드다. AI 기술은 국경을 넘어 전 세계적으로 연결되므로, 우리는 국수적이고 배타적인 고정 관념에서 벗어나 다양한 문화를 수용해야 한다. 결론적으로 여러 문화적 배경을 가진 사람들과 협력하고 소통하며 글로벌 과제를 해결하는 능력은 AI 시대 필수적인 역량이다.

이와 같이 AI 시대의 덕목은 결국 '인간다움'으로 귀결된다. '인간다움'은 곧 인간의 본성과 인성에서 비롯된다. 즉, '인간다움'은 단순한 사람의 형태가 아니라 타인을 배려하고 공감하는 인성을 갖출 때 비로소 완성된다.

여기서 인성은 '개인과 사회의 관계에서 조화로운 삶을 영위하는 데 필요한 마음의 바탕'이다. 그러므로 인성은 사회적 인간으로서 개인이 규범과 자율을 이해하고 다른 구성원들과 협력해 조직과 사회를 이끌어 가는 것을 말한다. 그렇기 때문에 인성 교육은 인간이 타인과 조화롭게 살아가기 위해 좋은 품성을 길러 주는 방향으로 나아가야 한다.

AI 시대 인성 교육, 무엇을 가르쳐야 하나?

과거 1980년대부터 2000년대 초반까지 인성 교육은 대부분 인간 본성의 철학적 해석에 초점을 맞췄으나, 이제는 실천적인 인성 교육에 집중해야 할 시점이다. 인성 교육에서 중점을 둬야 할 구체적인 덕목은 다음과 같다.

첫째, 예(禮)다. 인간관계에서 사회적 지위에 따라 행동을 규제하는 규칙과 관습의 체계이자 일정한 격식을 갖춘 행동이다. 이는 겸손의 기초가 되고, 인간 관계성을 한층 높일 수 있는 중요한 덕목이다. AI와의 상호작용이 일상화된 사회에서는 인간 간의 존중과 예절이 더욱 절실하다. 감정 없는 기계와 구별되는 인간 특유의 배려와 정서적 언어를 배우는 것이 중요하다.

둘째, 효(孝)다. 자식이 어버이를 섬기는 도리이며, 유교의 기본적 윤리 규범 중 하나로 부모에 대한 자식의 경애(敬愛)를 바탕으로 성립된 도덕이다. 고령화 사회에서 AI 돌봄 로봇이 도입될 때, 진정한 효는 기술에 의존하는 것이 아닌 정서적 교감과 존중을 실천하는 것이다.

셋째, 정직이다. 바르고 곧은 심성으로, 자신의 양심을 속이지 않고 올바른 정신을 지니며 행하는 마음이다. AI 시대 정보 홍수 속에서 진실과 거짓을 분별하고, 알고리즘의 편향을 인식하며, 데이터 조작에 맞서 정직한 의사결정을 내릴 수 있는 능력이 매우 중요하다.

넷째, 책임이다. 자신에게 주어진 임무를 성실히 완수하는 것은 물론 행한 일의 의도와 상관없이 다른 결과가 나왔을 때에도 정신적, 도덕적, 법률적인 비난과 제재를 감수하는 것을 의미한다. AI 시스템의 결정에 의존한 결과에 대해서도 인간이 도덕적 책임을 져야 한다. 책임감 있는 시민 의식은 AI 시대에 필요한 역량이다.

다섯째, 존중이다. 자신의 사고, 감정, 행동을 객관적으로 인식하고 자신을 긍정적으로 바라보면서 자신감 있게 타인을 대하는 태도다. AI와의 공존 시대에 인간의 존엄성을 지키면서도 기계의 가능성을 이해하고 활용하는 균형 감각이 필요하다. 서로 다른 존재에 대한 존중은 다양성과 기술 융합의 시대를 살아가는 기본자세다.

여섯째, 배려다. 나와 타인의 관계에서 상호 의존적인 관계를 인식하고, 그 바탕 위에서 타인의 필요와 행복에 책임을 느껴 타인을 돕는 도덕적 행동을 말한다. AI가 인간의 공감 능력을 완전히 대체할 수 없는 만큼, 타인에 대한 배려와 공감은 인간만이 수행할 수 있는 고유한 역할이며, 공동체의 따뜻함을 유지하는 핵심 요소다.

일곱째, 소통이다. 소통은 자신의 생각을 명확하게 표현하고 타인의 말을 경청함으로써 오해 없이 이해하는 과정이다. AI와 인간 간 협업이 보편화된 시대에는 기계와 사람 간, 그리고 사람과 사람 간의 소통 오류를 줄이는 역량이 중요해지고 있다.

여덟째, 협동이다. 공동의 목표를 위해 구성원들이 힘을 합치는 협동은 AI를 포함한 다양한 주체들과의 조화를 이루는 데 필수적이다.

AI 시대 교육의 핵심: 기술과 인간성의 조화

AI 시대의 교육은 기술적 지식을 전달하는 것에 그치지 않고, 인간만이 가질 수 있는 창의성, 협업 능력, 그리고 건강한 인성을 함양하는 데 초점을 맞춰야 한다. 우리는 인문학적 소양을 바탕으로 인간 존재의 의미를 깊이 탐구하고, 유연성, 창의성, 올바른 인성, 도전 정신, 글로벌 마인드를 길러야 한다. 나아가 예, 효, 정직, 책임, 존중, 배려, 소통, 협동과 같은 구체적인 인성 덕목들을 교육해, 인간이 AI와 성공적으로 공존하며 조화로운 삶을 영위하도록 이끌어야 한다. AI 시대 교육의 본질은 기술과 인간성이 균형 있게 어우러질 때 비로소 완성될 수 있다.

참고문헌

김우진(2015). "인성 교육의 조건과 시민교육". 《문화와융합》, 37(1), 289-316쪽, https://www.kci.go.kr/kciportal/ci/sereArticleSearch/ciSereArtiView.kci?sereArticleSearchBean.artiId=ART002014032

김지원(2017). "인공지능 시대의 새로운 교육패러다임에 대한 연구". 경북대학교 박사학위논문, https://dcollection.knu.ac.kr/ezpdfdrm/ezPDFSetupNonax.jsp

대통령직속 4차산업혁명위원회(2017.11.30). "혁신성장을 위한 사람 심의 4차 산업혁명 대응계획", https://www.korea.kr/briefing/pressReleaseView.do?newsId=156240617

백성기 외(2016.12). "제4차 산업혁명 대비 대학의 혁신방안". 교육부, https://scienceon.kisti.re.kr/srch/selectPORSrchReport.do?cn=TRKO201900000560

안혜숙(2018.1). "집단 통합예술치료가 청소년의 자기존중, 자기조절,

배려·소통능력에 미치는 영향: 인성덕목을 중심으로”. 국제신학대학원대학교 박사학위논문, https://kukje.dcollection.net/public_resource/pdf/200000083329_20250919204514.pdf

장윤재 외(2024). “고등학생의 인공지능 교육 인식 및 요구분석”. 《컴퓨터교육학회 논문지》, 27(2), 25-36쪽, https://www.kci.go.kr/kciportal/ci/sereArticleSearch/ciSereArtiView.kci?sereArticleSearchBean.artiId=ART003064988

한국전문대학교육협의회·백석문화대학(2010). “자기주도형 인성과 경력개발”. 한국전문대학교육협의회, https://hver.kcce.or.kr/main/library/research/view.do?boardId=RESEARCH&boardDataId=135&nowPage=1&cntPerPage=12&searchBox=&searchText=

한성국 외(2018). “4차 산업혁명 시대의 차 문화의 새로운 기능과 역할”. 《차문화산업학》, 39, 47-72쪽, https://www.kci.go.kr/kciportal/ci/sereArticleSearch/ciSereArtiView.kci?sereArticleSearchBean.artiId=ART002331051

04

다도의 정신과 인문학적 가치

다도는 인간의 본성에서 출발해 과학, 철학, 도(道)로 나아가는 발전을 이끌고, 예절, 집중력, 책임감, 심신 안정 등 다양한 긍정적인 효과를 준다고 알려졌다. 특히 차는 몸이 아닌 마음으로 마시며 삶의 지혜와 마음의 평화를 얻는 수단이자 인간다운 삶을 실현하는 중요한 인문학적 가치를 지닌다. 다도는 현대 인문학의 위기 속 새로운 대안이자, 삶의 질 향상과 자기완성에 기여하는 중요한 교육적 요소다.

청각장애인과 AI?

다도의 인문학적 가치

우리나라에서는 삼국 시대부터 차를 마시기 시작했다. 오랜 역사를 거치면서 차는 귀중한 문화 자산으로 발전했고, 다도는 차를 이용해 내면의 평화와 인성을 함양하는 인문학적 가치로 자리 잡았다.

18~19세기 조선 시대, 다산 정약용, 추사 김정희, 초의선사는 차로 자신을 다스리고 학문과 예술을 완성했다. 이들의 차 생활은 오늘날 우리에게 '마음으로 마시는 차'의 세계를 보여 준다.

첫째, 다산 정약용이다. 실학을 완성한 경세가(經世家) 다산은 강진 유배 시절에 차로 울분을 다스리고 마음의 안정을 찾았다. 그가 고안한 '삼증삼쇄(三蒸三曬)' 제다법은 차의 강한 독성을 순화시키는 지혜를 담고 있는데, 이는 유연한 태도로 삶의 이치를 탐구했던 다산의 정신을 보여 준다.

둘째, 추사 김정희다. 예술가이자 풍류가였던 추사는 '다반향초(茶半香初)'라는 글귀로 차의 미학적 가치를 표현했다. '차를 반쯤 마시니 비로소 향기가 피어오른다'는 의미로, 차 한 잔의 고요함 속에서 내면의 향기를 발견하고 삶의 아름다움을 음미하는 풍류의 경지를 담고 있다.

셋째, 초의선사다. 선(禪)의 수행자였던 초의선사는

'다선일미(茶禪一味)'를 주창하며 다도와 선을 하나로 여겼다. 그는 '독철왈신(獨啜曰神)'이라고 해서 홀로 차를 마시면 '신(神)의 경지'에 이를 수 있다고 했다. 이는 차를 마시는 행위가 자기 성찰과 명상을 통해 본래의 성품에 이르는 수행법임을 의미한다.

다도를 통한 인간 정신세계의 전개 단계

인간의 정신은 일상적 단계에서 시작해 과학적 단계, 철학적 정신세계를 거쳐 궁극적으로 도(道)의 경지에 이르는 상승 과정을 거친다. 다도는 이 과정에서 각 단계에 해당하는 실천적 요소를 내포하고 있다.

첫째, 일상적이고 본능적인 삶의 단계로, 문화적 자각이 부족한 단계다. 동일한 동작을 반복하다 보면 하나의 법도가 생기는데, 차 문화 정신에서 행다법을 알지 못한 채 단순히 차를 마시는 행위만 영위하는 수준이다.

둘째, 과학적 단계에서는 논리적이고 합리적인 사고를 하는 단계다. 예절, 의식, 법도, 기술 등의 일정한 형식을 갖춘 단계로, 공부로 도달할 수 있으며, 논리적이고 합리적일수록 설득력이 높아진다. 그러나 과학적 사고에서는 진리에 도달하기가 어려워 많은 이들이 이 단계에 머무는 경향이 있다. 차 문화 정신에서는 의식차(儀

式茶) 수준에서 행해지는 다법(茶法), 다례 의식(茶禮儀式), 헌다의식(獻茶儀式) 등이 여기에 속한다. 이는 육체적으로 실현되는 형이하학(形而下學)적 수련의 단계다.

셋째, 철학적 정신 단계로, 자연과 환경에서 인간이 부딪히는 문제들을 근원에서 바라보고 해결을 위해 총체적 관점을 얻으려는 지적 노력의 단계다. 철학은 인간의 삶을 지키고 풍요롭게 하는 이성적 성찰이며, 비판과 반성으로 그 가치를 확장한다. 결국 철학은 형이상학(形而上學)의 정신세계로, 삶의 의미, 가치, 행복을 느끼게 하며 심미안을 열어 주고 자의식을 일깨운다. 이러한 철학은 선차(禪茶), 무아(無我), 명선(茗禪), 망형(忘形) 등 수행차(修行茶)의 정신으로 구체화된다.

넷째, 도(道)의 경지는 대자연의 섭리를 알고, 근본적 이치를 깨닫는 경지다. 일정한 수행의 단계를 거쳐 도의 단계에 이르면 참된 이치를 깨닫는다. 도(道)는 무색(無色) · 무성(無聲) · 무형(無形)의 특성을 가지며 인간의 모든 감각적이고 지각적인 이해를 초월하면서도, 삼라만상(森羅萬象)의 근원에 실재하는 현묘한 형이상학(形而上學)적 성격을 지닌다. 이 경지에 이른 이를 불(佛), 성인(聖人), 진인(眞人), 신인(神人), 선인(仙人)이라고 부른다. 따라서 차 문화 정신에서 다도(茶道)의 경지를 성취한 사람을 다성(茶聖), 다선(茶仙), 다신(茶神)이라고 명한다.

다도, 삶의 지혜와 인문학적 수행

다도는 차를 나누는 행위로, 타인을 존중하고 배려하는 표현이자, 자신의 내면을 돌아보는 성찰의 과정이다. 차는 신체를 위한 음료일 뿐 아니라, 정신을 다듬는 수행의 도구다. 이는 삶의 지혜를 배우고 실천하는 인문학적 수련이라고 할 수 있다. 차로 아름다운 습관을 기르고, 선한 마음을 간직하며, 현명하고 슬기롭게 인생을 살아가는 것이 다도의 진정한 목적이다. 차 문화에 대한 깊은 이해가 다도의 진정한 실천으로 이어질 수 있다.

다도와 인문학의 교차점

인문학은 삶의 흔적을 담은 역사, 사유의 체계를 제시하는 철학, 감정을 노래한 문학으로 구성된다. 시대마다 다양한 형태로 변모해 왔지만 인문학은 항상 삶과 밀접하게 연관되어 있다. 인문학의 핵심은 "인간다움"을 실현하기 위한 이상을 탐구하고, 그 이상을 실천하는 데 있다. 이러한 "인간다운 삶"이라는 근본적인 이념은 깊은 사유, 방대한 독서, 자기 성찰과 고민, 집단 지성적 논의,

그리고 이를 실천에 옮기는 자세를 말한다.

이러한 인문학의 개념은 다도와 교차한다. 다도는 차 문화 행위로 인간의 삶과 정신을 탐구하는 인문학적 실천이다. 차 한 잔에는 자연의 섭리와 역사의 지혜, 그리고 우리 선조들의 철학이 담겨 있다.

'힐링 다도' 오감으로 삶을 채우다

다도는 인간의 삶과 정신을 풍요롭게 하는 통합적인 인문 정신의 자산이다. 복잡한 현대 사회를 살아가는 우리에게 깊은 지혜와 성찰의 기회를 제공한다.

멈춤의 미학

바쁜 현대인의 삶에 다도는 '쉼표'를 찍어 준다. 차를 마시는 시간은 복잡한 일상에서 벗어나 자신을 돌아보고 내면의 평화를 찾는 소중한 기회가 된다. 이는 AI 시대에 점점 더 중요해지는 정신적 균형을 되찾는 길이다. 고요히 차를 준비하고 음미하는 과정은 오감(五感)을 깨워 우리를 온전한 휴식으로 이끈다. 그 구체적인 방법은 다음과 같다.

첫째, 눈으로 녹색 차밭을 상상하고, 느끼고, 차색을 시각적으로 감상한다.

둘째, 귀로 물 끓는 솔바람 소리를 들으며, 청각으로 감상한다.

셋째, 코로 차향을 마시고, 내쉬는 후각으로 감상한다.

넷째, 혀로 차 맛을 느끼며, 맛의 미묘한 변화를 음미해 미각으로 감상한다.

다섯째, 손으로 찻잔의 따스함을 느끼는 신체적 감각을 경험한다.

관계의 재발견

다도에 담긴 예절은 타인과의 관계를 아름답게 다듬어 가는 실천이다. 차를 마시는 습관은 절제와 배려를 몸에 익히는 과정으로 공동체 내에서 타인과 조화롭게 살아가는 지혜를 가르친다. 차를 매개로 소통한다면 형식적인 관계를 넘어 마음과 마음을 잇는 깊은 연결이 가능하다.

성찰의 통로

차를 마시는 행위는 일상 속 명상이 가능하며, 자신을 돌아보고 내면을 정화하는 시간을 가질 수 있다. 자기 성찰의 과정은 바쁜 일상 속에서 잃어버리기 쉬운 정신적 균형을 되찾게 하고, 궁극적으로 자기완성에 이르는 길을 제시한다. 차(茶)라는 글자가 풀(艸), 사람(人), 나무(木)의 결합인 것처럼, 자연과 조화롭게 소통하며 마음의 안정을 얻는다는 깊은 의미를 담고 있다.

삶의 철학으로서의 다도

다도는 미래를 위한 인문학적 자산이다. 차로 배우는 멈춤, 관계, 성찰은 AI 시대에 인간이 갖춰야 할 본질적인 가치이며, 삶의 중심을 다시 찾게 하는 정서적 회복의 길이다. 바쁜 일상 속에서 함다토성(含茶吐聖), 즉 '차를 머금고 마음을 집중해 본래의 성품을 드러내는' 경험을 통해, 우리는 몸과 마음의 진정한 '힐링'을 이룰 수 있다.

참고문헌

김길령(2021). "한국 차 문화공간과 풍류에 관한 연구". 《차문화산업학》, 54, 1-30쪽, https://www.kci.go.kr/kciportal/ci/sereArticleSearch/ciSereArtiView.kci?sereArticleSearchBean.artiId=ART002795667

김복일(2025). "힐링 다도(Tea Healing)". 토지주택박물관대학 다도과정 제21기 강의교재.

안봉옥(2018.8). "한국 전통 차 문화 정신의 이해: 동다송을 중심으로". 부산교육대학교 석사학위논문,

https://bnue.dcollection.net/public_resource/pdf/200000104678_20250919205541.pdf

임희영(2010). “다도 교육이 유아의 정서·행동·사회관계에 미치는 효과”. 성균관대학교 박사학위논문, https://dcollection.skku.edu/public_resource/pdf/000000024344_20250919205902.pdf

전은영(2013). “만 5세 유아의 만족지연능력과 자기조절력에 따른 조망수용능력”. 한국방송통신대학교 석사학위논문, https://knou.dcollection.net/public_resource/pdf/000001707156_20250919210208.pdf

허인영(2023.8). “다선일미(茶禪一味) 사상과 다도 교육의 교육학적 탐색”. 충북대학교 박사학위논문, https://chungbuk.dcollection.net/public_resource/pdf/200000771949_20250919210324.pdf

05
AI 시대, 다도 교육의 확장과 새로운 적용 영역

우리나라 차 문화는 유 · 불 · 도(儒佛道) 사상에 기반해 예절과 인성을 함양하고, 자아 성찰을 돕는 정신적 가치임을 설명한다. AI 시대의 다도는 소통, 존중, 창의성을 기르는 교육적 도구로 새롭게 조명되고 있다. 비대면 콘텐츠와 야외 교육을 통해 시공간 제약을 넘어 심신 치유와 힐링을 제공하는 것이 미래 다도 교육의 방향이다. 궁극적으로 다도 교육은 인간성 회복과 삶의 질 향상에 기여한다.

AI 콘텐츠 크리에이터?

다도 교육의 확장과 미래

우리나라는 유 · 불 · 도 사상을 바탕으로 다도 예절을 발전시켜 왔다. 차를 준비하고 나누는 과정에서 예, 효, 정직, 배려, 소통, 존중 등의 인성 덕목을 내면화했다. 또한 차와 함께 생활하면서 다도일미(茶道一味), 다선일미(茶禪一味) 등의 깨달음을 얻어 자아 성찰의 계기를 마련했다. 우리나라 차 문화의 정신적 세계는 다음과 같이 정리할 수 있다.

첫째, 다도일미, 다선일미, 차 명상(茶冥想), 차와 힐링 등 자아 성찰을 유도하는 수행의 영역이다.

둘째, 예, 효, 정직, 책임, 배려, 소통, 존중 등 인성 교육의 가치다.

셋째, 차 생활, 다도 예절(茶禮), 차 의식, 차시(茶詩) 등의 전통문화 요소다.

넷째, 극기복례(克己復禮), 중도(中道), 팔정도(八正道), 무위자연(無爲自然) 등의 유 · 불 · 도적 사유 체계다.

AI 시대에는 차 문화를 전통문화의 체험 요소로 보는 것이 아니라 정신적, 사회적, 문화 · 예술적, 경제적, 산업적 측면까지 확장해 인재 양성을 위한 중요한 교육 콘텐츠로 주목해야 한다. AI 시대에 필요한 핵심 역량을 연계한 다도 교육의 방향성은 다음과 같다.

다담을 통한 소통과 관계 확장

다담(茶談)으로 타인과 교유(交遊)하고 서로 소통하면서 다양한 이해관계를 포용함으로써 공공의 이익에 기여할 수 있다. 다도(茶道)의 실천은 자아를 성찰하고 평정심을 유지하는 데 도움을 준다. 정성껏 차를 대접하는 행위는 공경과 존중의 정신을 드러내며, 상호 간 신뢰 형성에 기여한다. 찻자리는 타인과 심미적으로 교류하고 예의를 실천하는 공간으로, 이를 통해 화합과 조화를 이루며 관계의 폭을 넓힐 수 있다.

차 문화가 제공할 수 있는 핵심 가치는 소통, 자연, 예술, 심미, 여가다.

차 생활로 기르는 존중과 자아 성찰

차 생활로 자연과 생명을 존중하는 마음을 가지고 자신과 타인의 가치를 존중할 수 있다. 다도로 바른 행실을 유지하고, 검소하며 겸허한 마음을 가짐으로써 자신을 수양해 자아 성찰 및 자기 조절 능력을 함양한다. 모든 존재를 존중하는 태도는 공동체의 조화와 화합으로 이어진다. 다도 교육은 제다(製茶), 전다(煎茶), 음다(飮茶)

등의 과정을 거쳐 자기 성찰과 타인 존중을 실천하게 한다. 다도 교육은 일상의 스트레스를 해소하고 자아실현으로 이어질 수 있다.

차 문화가 제공할 수 있는 핵심 가치는 수양, 예의, 자연, 건강, 존중, 자아실현이다.

다도 예절 속의 인성 덕목 함양

다도 교육으로 전통문화를 이해하고 공동체 의식을 함양한다. 음다(飮茶)로 욕심을 버리고, 마음을 깨끗이 해 타인과 화합한다. 차를 우리고 대접하는 행위는 깊은 정신성과 공동체적 가치를 내포하고 있다. 자신에게 건네는 정성스러운 차 한 잔은 자신을 사랑하는 마음이며, 타인에게 차를 대접하는 것은 겸허한 마음이다. 상대에 대해 공경의 예(禮)를 표하는 차 대접은 상호 존중의 가치가 있다.

차 문화가 제공할 수 있는 핵심 가치는 수양, 배려, 소통, 존중이다.

책임과 협동 중심의 협력 능력 강화

다도 예절은 규범적 행위이고, 차의 정신인 화합과 조화를 실천할 수 있다. 다도로 상호 존중의 정신을 배워 화합과 조화를 추구하는 공익 정신을 함양할 수 있다.

차 문화가 제공할 수 있는 핵심 가치는 수양, 존중, 화합, 공익이다.

정신 수양과 치유를 위한 다도 생활

다도 교육은 반복된 정신 수양의 훈련이기에 건강하고 바람직한 성품을 형성할 수 있다. 다도를 생활화하면 차의 효능으로 인해 정신적, 육체적으로 건강하게 된다. 기능성 효과(항산화 효과, 암 예방, 충치 예방, 구취 억제), 정신적 효과(각성 효과, 항스트레스 효과, 심신 안정 효과)를 유도할 수 있다. 차의 색 · 향 · 미는 오감을 자극하는 요소로, 찻자리를 바탕으로 심미적 즐거움과 정서적 안정을 경험할 수 있다.

차 문화가 제공할 수 있는 핵심 가치는 수양, 심미, 건강, 치유와 힐링이다.

예술과 심미를 통한 창의력 향상

찻자리에서는 다화(茶花), 차총(茶寵), 개치(蓋置), 차 집게 받침, 테이블 러너, 차 거름망 등 다양한 인테리어 소품을 사용한다. 찻자리로 예술적 · 심미적 활동이 가능하며, 창의력 향상이 이뤄질 수 있다.

차 문화가 제공할 수 있는 핵심 가치는 창의, 예술, 심미다.

다도 교육의 실천적 가치

다도 교육은 인격 형성 및 삶의 태도 함양에 다양한 교육적 가치를 지닌다. 임희영(2010)은 다도 교육의 실천적 가치를 다음과 같이 제시한다.

첫째, 예절을 함양한다. 다도는 예절로 시작해, 예절로 끝나는 행위다. 다도로 예를 갖추고, 서로 협력 및 양보를 경험하며, 공동체 구성원으로서 인정받게 된다. 자신에 대해 만족감을 느끼고 집단생활에 적극적으로 참여할 수 있으며, 기본적인 생활 습관과 협동적인 생활 태도를 기를 수 있다.

둘째, 인내심과 배려심이 증진된다. 다도는 찻물이 잘 우러나기를 기다리고 조심스럽게 타인에게 차를 대접하며 차의 맛을 천천히 음미한다. 이때 자신의 감정과 욕구를 조절하면서 기다림과 타인을 배려하는 마음으로 만족지연(滿足遲延)의 태도를 기를 수 있다.

셋째, 주의 집중력을 향상한다. 다도 실천은 정확성을 요구하는 반복적 행위의 반복이므로 집중력 향상을 향상한다.

넷째, 자신감 및 성취 욕구를 발달시킨다. 다도는 차 우려내기, 손님 대접하기, 차 마시기, 뒷정리 등의 모든 단계를 익히며 자신감과 성취감을 형성할 수 있다.

다섯째, 경애심을 기른다. 다도는 경애심(敬愛心)을 바탕으로 어른에 대해 공경하는 마음을 가질 수 있다.

여섯째, 질서 의식을 학습한다. 다관(茶罐)에 물을 부어 다구(茶具)를 깨끗이 헹군 후 차가 우러나기를 기다려 차를 마시기 때문에 기다림을 배우고 차례를 지키는 법을 알 수 있다.

AI 시대 다도 교육 강화 방안: 비대면 콘텐츠 활용

다도 교육의 시 · 공간적 한계를 극복하기 위해 생생한 관람 체험이 가능한 비대면 콘텐츠를 개발한다. 하지만 비대면 콘텐츠의 확산에는 긍정적인 측면뿐만 아니라 한계와 우려도 존재한다. 기존 오프라인 다도 교육이 지닌 특정한 장소와 시간에서 만들어 내는 감동과 경험이 퇴색되기 때문이다. 여기에 완성도 높은 양질의 다도 프로그램 영상 콘텐츠를 만들기 위해서는 상당한 제작 비용이 든다. 또한 디지털 격차(Digital Divide)의 심화로 취약 계층의 문화접근성이 악화될 수도 있다.

그러나 AI 시대 비대면 콘텐츠의 제작과 유통은 필수 불가결하다. 다도 교육의 핵심인 현장성과 일회성을 살려, 오프라인 교육을 보완하는 형태로 개발되어야 한다. AI 시대 비대면 다도 교육의 방향은 다음과 같다.

첫째, 디지털 전환(Transformation)을 가속화한다. 빅데이터와 인공지능으로 수요자가 원하는 맞춤형 차 문화의 정보를 제공하고, VR · AR기술을 활용해 가상으로 체험을 유도한다.

둘째, 인터랙티브(Interactive) 콘텐츠를 활용한다. 참여형 학습이 가능한 인터랙티브 콘텐츠로 다도 교육의 몰입도를 높일 수 있다. 즉, 다도 교육을 할 수 있는 체험 도구를 개발해 수요자에게 보내 주고, 다도 교육을 줌(Zoom)이나 유튜브(YouTube) 등의 플랫폼에서 영상으로 제공한다면 실시간 가상체험(Virtual Live)이 가능하다.

셋째, 트렌디한 콘텐츠 개발이다. 1인 크리에이터가 직접 하동이나 보성 같은 차(茶) 유적지를 관광하고, 다도 교육을 직접 체험하면서 시청자를 대상으로 한 라이브 스트리밍(Live Streaming) 방송을 진행한다.

AI 시대 다도 교육 강화 방안: 치유와 힐링의 지향점

AI의 우월한 능력이 강조됨에 따라 인간이 소외되고 있다. 이에 인간은 자신의 정체성에 대한 답을 찾고자 노력하고 있다. 자연과의 깊은 교감을 바탕으로 인간 본연의 가치를 되찾는 것이 중요하다. 인간은 자연의 일부이기 때문에 도보나 자전거 등을 이용해 산, 강, 바다 등 천혜의 자연환경에서 심리적인 치유와 면역력 증진을 이룰 수 있다.

향후 차(茶)를 자연에서 즐길 수 있도록 야외 다도 교육을 진행한다. 차(茶)로 지친 심신을 치유하고, 건강 증진과 삶의 질 향상을 추구한다. 여기에 보성과 하동 지역 특유의 차 문화를 토대로 한 음식과 치유 상품을 만들어 다도 교육에 참여하는 사람들에게 제공한다면 차를 통한 치유와 회복이 가능하다. 이와 함께 최근 불안, 우울, 고립의 경험이 있는 이들에게 다도는 따뜻한 위로와 희망, 연대의 손길을 건넬 수 있다.

참고문헌

양혜원(2020.7.9). "코로나19가 문화예술분야에 미친 영향과 향후 과제". 한국문화관광연구원. 《문화관광인사이트》, 146,

https://www.kcti.re.kr/web/board/boardContentsView.do;jsessionid=0EA2B9B4CC1AAE05DD92864698D5E62F

예지원(2020.10). "4차 산업혁명 시대의 인성 교육을 위한 차 문화 적용 연구". 원광대학교 석사학위논문, https://wonkwang.dcollection.net/public_resource/pdf/200000376424_20250919110451.pdf

유양석(2018). "4차 산업혁명 시대와 차 문화의 사회적 중요성". 《한국차학회지》, 24(4), 10-18쪽, https://www.kci.go.kr/kciportal/ci/sereArticleSearch/ciSereArtiView.kci?sereArticleSearchBean.artiId=ART002421050

06
디지털 전환과 다도 교육 콘텐츠의 재해석

오늘날 다도와 다도 교육은 전통문화 체험을 통해 인간 내면을 성찰하고 관계를 회복하는 중요한 도구로 재조명되고 있다. 다도의 전통문화적 가치를 심층적으로 이해하고, 이를 AI 기술로 어떻게 계승하고 확장할 수 있을지 모색한다.

AI와 민주주의?

현대인의 삶과 다도의 치유적 가치

현대인은 '정보의 홍수 속에 살고 있고' 인간관계의 단절과 정서적 고립을 겪고 있다. 사회에서 개인이 느끼는 소외감은 심리·정서적 문제를 유발하고, 심각한 사회적 문제로 이어지기도 한다. 많은 사람들이 여행, 명상, 운동, 독서, 감상, 체험, 창작 활동 등의 방식으로 문제를 해소하려고 한다. 다도 역시 하나의 방법이다.

함께 차를 마시는 시간은 자연스럽게 대화와 교감을 이끌어 내고, 서로의 마음의 거리를 좁혀 준다. 다도는 관계 형성의 부담을 완화하고, 소속감과 정서적 안정을 제공한다. 오늘날 다도는 고요함과 성찰의 시간일 뿐만 아니라, 관계의 회복을 위한 최선의 선택지로 위상이 높아지고 있다.

AI 기술로 확장되는 다도 콘텐츠

AI 기술의 발전은 다도를 새로운 방식으로 해석하는 계기가 되었다. 서울대 행복연구센터 홍영일 대표(2024)는 AI의 분석 능력과 인간 고유의 감정을 결합해 새로운 예절 문화 모델을 제시한 바 있다. 이 과정에서 다도를 포함한 전통 예절의 가치를 AI 시대에 어떻게 재해석하고 적용할 수 있는지를 논의했다. 또한 모리 등의 연구

(Mori et al., 2019; 홍영일, 2024 재인용)는 일본 다도의 의례를 AI로 분석해 '디지털 다도' 개념을 도입하며 디지털 환경에서도 존중과 배려의 태도를 구현하려고 했다. 예절과 다도 분야에서 AI 기반 연구는 다도가 전통문화로서의 가치임을 재확인하는 데 기여한다.

다도의 효과가 인간성 회복에 기여하는 만큼, AI 사회에서는 그 의미와 가치를 현대적으로 재해석해 일상에 적용할 방안이 필요하다. 예를 들어, 전통 다기(茶器)를 3D로 스캔해 가상 전시를 하거나, 다례 절차를 모션 캡처로 구현해 AR 체험 콘텐츠로 만들 수 있다. 전통 다례를 VR 공간에서 가상 아바타와 함께 구현하는 프로그램은 교육적 · 관광적 가치를 지닌다. 이러한 콘텐츠는 국내 전통문화 교육과 더불어 세계 무대에서 활용 가능한 문화 외교 자산으로서도 충분한 가치를 지닌다.

디지털 시대 다도 교육의 혁신 전략

AI는 언어 모델, 이미지 분석, 로봇공학 등 다양한 기술로 인간의 인지 능력을 모방하거나 초월하고 있으며, 이에 따라 전통문화도 기술과 융합된 형태로 재창조되고 있다. 이제는 다도 시연을 AI로 재해석하는 접근 방식을 모색해야 한다.

다도 교육 프로그램은 다도의 전통성을 어떻게 기술과 접목할 수 있을까? 또한 AI의 어떤 기술을 활용해 다도를 재해석하고 표현해야 하는지, 그리고 인간의 역할은 무엇인지에 대해 AI 기술을 토대로 적합한 모델을 찾고자 한다.

즉, 디지털 시대의 다도 교육은 새로운 기술을 접목해 현대인에게 더욱 친숙하고 의미 있는 경험으로 다가가야 한다. 기존 교육 방식이 가지는 장점을 살리면서도 디지털 기술의 확장성을 활용해 다도의 가치를 널리 알리고 참여율을 높이는 혁신적 전략이 필요하다.

디지털 트랜스포메이션과 다도

미국에서는 '디지털 트랜스포메이션'이라는 용어를 4차 산업혁명 맥락에서 사용하고 있다. 이는 기존 오프라인 기반 시스템에 디지털 기술을 융합해, 효율성과 사용자 중심 가치를 극대화하는 것이다. 핵심 기술로는 AI, 클라우드 컴퓨팅, 빅데이터, 사물 인터넷(loT), 로봇 프로세스 자동화(RPA) 등이 있다.

예를 들어, 미국 세인트루이스 대학교에서는 학생들의 생산성과 캠퍼스 참여를 높이기 위해 디지털 트랜스포메이션 전략을 도입했다. 이 과정에서 학생들은 챗봇으로 일관된 정보와 안내를 받을 수 있었고, 이는 교육 현장의 효율성 개선으로 이어졌다. 따라서 디지털 전환은 기술 변화에 그치지 않고, 조직과 사회 전반의 구조적 혁신을 수반한다.

이를 다도에 접목하면 AI 기반 개인 맞춤형 코칭을 진행할 수 있다. 예를 들어, AI 챗봇은 차의 종류나 제다법에 대한 질문에 즉각적으로 답하고, 머신 러닝 기반의 자세 교정 시스템은 다도 자세를 분석해 올바른 동작을 실시간으로 안내함으로써 오프라인 교육의 한계를 보완할 수 있다.

생성형 AI를 활용한 다도 교육 적용 방안

오늘날은 멀티모달 AI가 주도하는 새로운 소통의 시대다. 기존 싱글모달 AI가 텍스트나 음성만을 처리했다면 멀티모달 AI는 여러 데이터를 융합해 맥락을 파악하기 때문이다. 예를 들어, 사람이 대화할 때 언어적 요소를 비롯해 표정, 제스처인 비언어적 요소를 인지하는 것처럼, 멀티모달 AI는 여러 형태의 정보를 결합해 더 정확하고 풍부한 소통을 가능하게 한다. 대표적인 것이 GPT, 달리(DALL · E), 미드저니(Midjourney), 스테이블 디퓨전(Stable Diffusion) 등이다.

김희정 · 장경원(2024)은 생성형 AI를 대표하는 챗GPT(ChatGPT)를 소개하며 다도 교육 프로그램에 생성형 AI 교육과 연계한 통합된 새로운 다도 교육 프로그램의 개발 및 운영에 관한 필요성을 제시했다. 생성형 AI를 이용해 교육 과정에 다도를 포함하거나, 사용자의 주도성을 강조했다. 생성형 AI는 콘텐츠 제작 방식을 근본적으로 혁신하는 기술이다. 전통적인 콘텐츠 제작은 기획부터 완성까지 오랜 시간이 걸리지만, 생성형 AI는 아이디어 구상부터 초안 작성, 이미지 · 영상 생성까지 몇 분 내에 완료가 가능하다. 무엇보다 교육자는 생성형 AI의 특성과 활용 방식을 충분히 이해하고, 이를 토대로 다도 · 예절교육을 설계해야 한다.

AI 기술 활용 다도 콘텐츠

다도는 우리의 정신과 문화를 표현해 주는 종합 예술이다. 다도의 예술성과 정신적 가치를 바탕으로, 생성형 AI는 차 도구, 궁중 다례, 누정(누각 · 정자), 공연 예술 등 다양한 콘텐츠를 제작하고, 차를 우리는 행위까지 시각화함으로써 다도 교육의 새로운 가능성을 열 수 있다. 한편, 다도 콘텐츠를 AI 기반 가상현실(VR)과 증강현실(AR) 기술을 활용한 다도 교육 방법도 제안된다. 학습자가 VR 기기를 착용해 가상의 차실에서 다도 과정을 배우고, 스마트폰으로 실제 다구를 비추면 화면에 다구의 명칭과 사용법을 AR로 나타나는 앱을 개발한다. 여기에 음성 인식 AI를 이용해 다례 시 낭독을 진행하고 이를 피드백할 수 있다. 또한 감정 분석 AI는 다도 수업 전후 학습자의 정서 상태를 파악하는 데 기여할 수 있다.

이처럼 AI 기술은 다도 교육에 몰입도와 상호작용성을 더해 주는 핵심 도구로 작용한다. 전통의 가치를 지키면서 미래 사회에 부합하는 콘텐츠로 확장하는 것, 이는 다도 교육의 핵심 과제다.

참고문헌

김미경·곽진원(2021). “차(茶)문화의 콘텐츠화를 통한 문화 콘텐츠 육성 방안 연구”. 《한국콘텐츠학회 논문지》, 21(2), 59-67쪽, https://www.kci.go.kr/kciportal/ci/sereArticleSearch/ciSereArtiView.kci?sereArticleSearchBean.artiId=ART002690484

김정희(2005). “傳統 茶道를 통한 디지털時代 倫理規範에 關한 硏究 : 靑少年에게 미치는 映像 콘텐츠를 中心으로”. 한서대학교 석사학위논문, https://academic.naver.com/article.naver?doc_id=80187423

김희정·장경원(2024). “생성형 AI 시대의 다도 예절교육의 의미와 방향”. 《예절·차문화연구》, 7, 29-54쪽,

https://dl.nanet.go.kr/search/searchInnerDetail.do?controlNo=SERL1201100272

신명호 외(2008). 《조선 시대 궁중다례의 자료해설과 역주》. 민속원.

이순임(2013.8). "차(茶)문화와 누정(樓亭)문화의 상관성 연구". 조선대학교 박사학위논문, https://chosun.dcollection.net/public_resource/pdf/200000264077_20250919212211.pdf

최해룡(2009). "전통 다례의 공연 예술 콘텐츠화 방안에 대한 연구". 원광대학교 석사학위논문, https://wonkwang.dcollection.net/public_resource/pdf/000001989559_20250919212947.pdf

홍영일(2024). "AI시대의 예절혁명: 인간의 연민과 AI의 공감이 만드는 새로운 문화". 《예절·차문화연구》, 7, 13-28쪽, https://dl.nanet.go.kr/search/searchInnerDetail.do?controlNo=SERL1201100272

trendynote(2025.4.17). "AI로 인스타그램 콘텐츠를 자동화하는 현실적인 방법 – 기획부터 운영까지의 새로운 흐름", https://trendynote.com/26

07
치유와 힐링 교육으로서의 다도

다도의 기본 정신은 예(禮)를 중심으로 자연스러움과 간결함, 화합을 추구한다. 이런 정신은 차를 우리고 마시는 과정에서 자연스럽게 드러난다. 다도 행위가 심리적 안정과 감정 조절에 어떤 효과가 있는지 살펴보고, 나아가 AI 시대에 현대인이 겪는 불안과 스트레스를 치유할 수 있는 교육적 가능성을 탐색한다.

AI와 애니메이션?

다도에 깃든 치유의 본질

다도의 기본 정신은 예(禮)를 중심으로, 나눔, 배려, 절제, 공감, 고요함, 여유, 화합, 평화, 느림 등의 가치에 뿌리를 두고 있으며, 이는 곧 삶의 질을 높이는 치유와 힐링으로 이어진다. 차를 우리고 마시는 과정에서의 정제된 몸짓과 마음의 흐름은 자신을 다스리는 의식적 행위다.

특히 코로나19 이후, 다도는 새로운 힐링 문화로 떠올랐다. 거리 두기와 고립감에 지친 현대인들은 티 클래스, 다도 명상 체험, 다도 패키지 프로그램 등에 관심을 보이며, SNS에서는 차로 일상 속 치유를 실천하는 MZ세대의 기록을 어렵지 않게 찾을 수 있다. 전통 다도의 인구가 줄어든다는 우려 속에서도, 새로운 세대의 관심은 다도가 다시 숨결을 되찾는 계기가 되었다.

또한 AI 사회가 심화되면서 사회적 불안과 정서적 고립이 커지는 가운데 다도는 인간 내면을 치유하는 교육적 실천론으로 주목받고 있다.

실제로 다도 체험을 포함한 전통문화 활동이 스트레스 완화와 정서 안정에 긍정적인 효과가 있다는 연구 결과도 많아 다도가 정서 회복의 실천 도구임을 시사한다.

치유와 힐링의 개념적 이해

'치유(heal)'와 '힐링(healing)'은 질병의 회복을 넘어 정신적·정서적 회복을 통해 삶의 질을 향상하는 행위를 말한다. 불안, 무기력, 자기 상실감이 만연한 현대 사회에서는 억제가 아닌 적극적인 치유 기제가 필요하다.

오늘날 힐링은 개인의 생존 전략이자 사회적 대안으로 떠올랐다. 많은 사람들이 자신만의 치유법을 찾고 있으며, 힐링은 점차 제도화되고 있다. 이처럼 절박한 시대적 맥락에서 다도는 하나의 지속 가능한 치유 방식이 되었다.

AI 사회에서 치유와 힐링의 의미

AI 사회에서 인간의 고유한 역량은 창의성, 윤리적 판단, 공감 능력이다. 이 요소들은 AI가 온전히 대체할 수 없는 인간의 영역이다. 그러나 AI의 우월성이 강조될수록 인간은 소외되기 마련이고, 빠르게 변화하는 경쟁 사회는 이러한 소외를 더욱 부추긴다. 이에 따라 AI 시대에는 인간의 정체성과 고유한 가치를 찾으려는 치유와 힐링 프로그램들이 늘어나고 있는 추세다. 최근 지자체를 포함한 공공 기관에서도 이러한 프로그램을 적극 개설하고 있는데, 이는 개인의 회복은 물론 사회적, 예방적 복지

차원에서도 매우 중요한 역할을 한다.

차시로 읽는 평온, 힐링

"몸의 굴레 벗으니 여유롭고 한가하네 / 깊은 산에 은거한 뒤 흰 머리 들었네 / 언제나 소나무 아래에서 점심 먹고 / 개울물에 한가로이 차 사발 씻네."

"전원에서 늙어 가니 미투리 한 켤레 / 두건 하나 썼다네 / 마신 차 사발 베개 삼아 누워서 / 날아가는 새 그림자 창을 지나네."

"농사짓는 불은 산 위까지 보이고 / 고기 잡는 불을 먼 마을 향하네 / 차 달이니 그 맛 아주 좋고 / 세속의 먼지 씻어 기쁘네."

위의 차시는 행간을 따라 읽는 순간, 일상의 여유가 그려지고, 영혼이 맑아지는 감각을 주며, 평온함을 생생하게 전달한다.

17세기 임상원(任相元, 1638~1697)이 쓴 차시다. 임상원의 차시는 자연 속에서의 초월과 평온, 자기 내면과의 대화를 노래한다. 그의 70여 수에 달하는 차시는 지금 이 시대의 우리에게도 '멈춤'과 '힐링'의 감각을 선물한다.

차 문화와 치유, AI 시대의 새로운 의미

AI 시대 차 문화는 다도 교육으로 정신적, 사회적, 문화·예술적, 경제적, 산업적 측면까지 확장되며 인재 육성 활동으로 각광을 받고 있다. 다도의 과정은 불안, 우울, 고립에서 벗어나 자신과 온전히 마주하는 시간이다. 물 끓는 소리, 차 향기, 다구의 감촉에 오롯이 집중하며 오감을 일깨울 때 내면의 평화를 찾는다.

이러한 치유적 방법을 다도 교육에 적용하려면 다음과 같은 노력이 필요하다.

차로 심신을 치유하고, 건강 증진 및 삶의 질을 향상하기 위해 치유와 힐링 관련 다도 콘텐츠를 교육 참여자에게 제공한다. 앞서 제시한 임상원의 차시 같은 문학 작품을 콘텐츠를 발굴해 차인들의 삶을 시대별로 재조명함으로써 당대 인물들의 치유와 힐링의 방법을 공유한다.

다도의 순서와 예법이 단지 의례가 아닌 '마음 챙김'의 기회로 삼아야 한다. 선조들의 다도는 '풍류와 예절'이 겉으로 드러나는 형식이 아니라, 정신을 정돈하는 일상적 수행이자 공동체적 치유 방식이었다. 이런 정신은 바쁜 현대 사회에서 잃어버리기 쉬운 인간 본연의 모습을 회복하는 데 도움을 준다.

결국 다도는 전통과 현대가 만나는 새로운 의미를 창조하는 공간이다. AI 시대에 잊혀 가는 인간의 감성과 연결을 회복하고, 삶의 진정한 의미를 재발견하는 소중한 경험을 제공한다.

다도와 명상의 만남

명상이 심신 치유 프로그램으로 일반에 널리 알려진 지 오래다. 명상은 오랫동안 여러 문화권에서 다양한 방법으로 행해져 왔고, 육체와 정신의 긴장을 완화하고 안정을 가져다주는 효과에 대한 논문이나 실험 결과가 꾸준하게 나오고 있다. 이제 명상은 종교적 치유를 넘어 정신 건강과 생활의 안정을 위한 대중적인 활동이 되었다. 명상 프로그램을 운영하는 단체가 늘고 있으며, 그 운영 형태도 다양해지고 있다.

다도 교육의 명상과의 결합은 정신적 안정과 더불어 AI 시대에 요구되는 도덕적 가치관, 공감 능력, 사회적 관계 회복에도 긍정적 영향을 준다.

현재 차 단체들이 다도와 명상을 결합한 프로그램을

운영하고 있고, 힐링 기관으로도 확산되고 있다. 전문적인 명상 교육을 통한 차실은 감정 회복을 위한 명상 공간으로 거듭나고 있다.

최근에는 다도 명상 앱처럼 디지털 환경에서도 차와 명상을 결합한 체험이 가능하다. 이는 디지털 시대 치유의 연결 고리를 만들어 준 좋은 사례다. 대표적으로 '무아명상 앱'은 다도와 명상을 결합해 디지털 환경에서도 쉽게 자신을 돌아볼 수 있도록 돕고 있다.

AI와 함께하는 차 문화

다도 교육은 주로 차실 등의 오프라인 공간에서 행해지고 있다. 온라인 공간에서의 다도 교육은 아직도 부정적인 견해를 가진 사람들이 많다. 오프라인에서의 경험과 감동이 줄기 때문이다. 다도 교육도 AI 시대를 외면할 수 없기에 비대면 콘텐츠를 개발해 오프라인 다도 교육을 보완하는 방안으로 제작해야 한다. 예를 들어, 실시간 다도 시뮬레이션은 AI와 함께하는 차 준비 절차와 예법을 연습하며, 시각적 안내를 받고 차를 마시며, AI의 음성 안내에 따라 명상하고 감정을 정리한다. '나만의 다도 기록'을 작성하고, 참여자와 AI가 함께 '나의 차 이야기'를 만들어 공유한다. 노션(Notion), 월드 앤빌(World

Anvil) 등은 다도 기록 등에 적합한 도구로, 여러 명이 동시에 기록하고 수정할 수 있다. AI와의 예절 대화를 나누며, 인간만이 가질 수 있는 차별화된 생각을 이끌어 내는 대화형 세션에 참여한다. 이러한 콘텐츠를 경험하면 자기 성찰과 정서적 회복 능력을 기를 수 있다.

또한 AI 사회에서 느림과 집중의 가치를 되찾을 수 있으며, AI와의 상호작용에 힘입어 감성 교육, 관계 회복, 정서 안정에 도움을 줄 수 있다. 아울러 명상 호흡 앱, AI 명상 가이드 등 AI 기반 자가 치유 기술과 전통 다도를 융합한 새로운 방식의 치유와 힐링을 모색한다.

디지털 환경에서 다도는 치유의 범위를 확장하는 새로운 방식이다. 물리적 공간을 넘어서는 감각 자극, AI 음성 안내에 따른 '내면 반응의 성찰', 온라인상에서의 공동 다례 경험 등은 물리적 만남을 초월한 '사이버 치유 공동체' 형성도 가능하다.

다도 교육, 인간 회복의 문화적 실천

AI 사회의 기술 진보가 인간의 감성적 역량을 대체할 수 없는 지금, 다도는 인간 회복의 문화적 실천으로서 중요한 의미를 지닌다. 차를 통한 예절, 명상, 시, 나눔은 모두 치유와 힐링의 서사를 담고 있으며, AI 시대에도 유효

한 삶의 지혜다.

다도의 본질은 개인적 명상에 머무르지 않고, 차를 매개로 사람들과 마음을 나누는 공동체적 치유에 있다. 차를 함께 나누는 시간은 개인의 고립감을 해소하고, 타인과의 조화를 이루는 경험을 제공한다. 다도는 AI 시대에 위협받는 '사회적 유대감'을 회복하는 실천적 요소라고 할 수 있다.

다도 교육은 인간 정체성을 회복하는 교육이다. 그리고 시대적 변화에 맞는 교육 콘텐츠 개발과 함께 정서적 공백을 메우는 '느린 혁신'으로 사회적 회복에 기여할 수 있다.

참고문헌

권금정(2025.2). "힐링커뮤니티댄스가 초등학생의 신체활동의 즐거움 및 뇌파에 미치는 효과". 대구교육대학교 석사학위논문, https://dnue.dcollection.net/public_resource/pdf/200000840761_20250919213407.pdf

김연신(2012.8). "다도 교육 프로그램이 대학생의 자아존중감에 미치는 영향". 제주대학교 석사학위논문, https://dcoll.jejunu.ac.kr/public_resource/pdf/000000006044_20250919213544.pdf

김주아 외(2017). "현대 명상 공간의 표현 특성에 관한 연구". 《기초조형학연구》, 18(2), 99-110쪽, https://www.kci.go.kr/kciportal/ci/sereArticleSearch/ciSer

eArtiView.kci?sereArticleSearchBean.artiId=ART00222349
9
유정분(2014.4). “다도명상 프로그램이 직장여성의 정서 안정에
미치는 효과 : 여성공무원을 중심으로”. 성균관대학교
석사학위논문,
https://dcollection.skku.edu/public_resource/pdf/0000000
64707_20250919213825.pdf
이능화(2022.5.23). “MZ세대의 새로운 힐링법, 차”. 차와문화,
https://www.teaculture.co.kr/news/articleView.html?idxno
=1913
이상호 외(2015). “동양 전통 명상법의 도덕교육적 함의”. 《퇴계학
논총》, 26, 247-280쪽,
https://www.kci.go.kr/kciportal/ci/sereArticleSearch/ciSer
eArtiView.kci?sereArticleSearchBean.artiId=ART00206831
4
이필원·박성식(2013). “명상프로그램 관련 국내 연구 논문 경향
분석”. 《한국선학》, 35, 117-143쪽,
https://www.kci.go.kr/kciportal/ci/sereArticleSearch/ciSer
eArtiView.kci?sereArticleSearchBean.artiId=ART00179884
7
전라남도산림연구원, https://jnforest.jeonnam.go.kr
전주시 마음건강이야기,
https://blog.naver.com/mindhealingcenter

08
인성 교육과 윤리적 감수성 회복의 길

AI 시대의 교육은 인간다움의 회복을 위해 나아가야 한다. 특히 다도 교육은 배려와 존중, 자기 성찰을 실천할 수 있는 전통적이면서도 현대적인 모델이다. 명상 앱, 도덕적 딜레마 시뮬레이션 등 AI 기술을 활용한 인성 · 윤리 교육의 가능성을 탐색한다.

AI와 인재 채용?

인성 교육의 필요성과 새로운 도전

4차 산업혁명과 AI의 발전은 인간의 일상과 교육에 혁신을 가져왔다. 'AI 디지털 교과서(AI Digital Textbook)'는 맞춤형 학습을 지원하며, 증강현실(AR), 가상현실(VR), 메타버스 등 첨단 기술로 자기 주도적 학습을 유도한다.

그러나 디지털 기반 교육은 집중력 저하, 정서적 불안정, 윤리 의식 약화 같은 부작용을 동반하기도 한다. 영국 옥스퍼드대 출판부는 디지털 과잉이 인간의 창의성과 공감 능력을 해치는 현상을 'Brain Rot(두뇌 황폐화)'라고 명명해, 청소년의 정서 불균형을 우려했다.

이러한 배경에서 인성 회복과 윤리 감수성 강화는 AI가 대체할 수 없는 인간 고유의 가치이자 미래 교육의 핵심적 과제다.

AI 사회와 인성 교육의 역할

1950년 앨런 튜링(Alan Turing)이 "기계가 인간처럼 생각할 수 있는가?"라는 질문과 함께 튜링 테스트 개념을 제안한 이후, 오늘날 AI는 단순한 자동화 도구가 아닌 창작, 분석, 판단, 공감까지 가능한 기술로 발전했으나, AI가 아무리 발전하더라도 스스로 창의적으로 사고 및 공감하는 데는 본질적인 한계가 있다.

'2025 미래사회 교육 컨퍼런스'의 전문가들은 급진적으로 변화 중인 사회적 요구에 유연하게 대응할 수 있는 능력과 AI를 활용할 수 있는 인간적 역량, 즉 '인성'이 미래 인재의 핵심이라고 강조했다. 경기도교육청 역시 AI 시대 핵심 교육으로 AI와 협력하는 인간적 가치, 곧 인성을 강조했으며, 신한대학교 신종우 교수도 "AI와 공존하는 시대에서 인성 교육이 대안"이라고 제안한 바 있다.

결국 AI 시대의 인성 교육은 인간 본연의 따뜻함과 윤리적 가치를 회복하는 데 초점을 맞춰야 하며, 다도는 이러한 인성 교육의 역할을 수행하며 AI와 공존하는 미래 사회를 위한 길을 제시한다.

인성 교육의 핵심 덕목과 핵심 역량

「인성 교육진흥법」에 명시된 "인성 교육"은 자신의 내면을 바르고 건전하게 가꾸고, 타인 · 공동체 · 자연과 더불어 살아가는 데 필요한 인간다운 성품과 역량을 기르는 것을 목적으로 하는 교육이다. 인성 교육의 핵심 가치 · 덕목으로 "예 효, 정직, 책임, 존중, 배려, 소통, 협동"의 여덟 가지를 제시하고 있다.

인성 교육의 핵심 역량은 이들 덕목을 이해하는 것을 넘어, 이를 실천할 수 있는 능력을 포괄한다. 여기에 공감, 의사소통, 갈등 해결, 윤리적 판단이 모두 포함된다.

유네스코와 여러 글로벌 교육 기관들은 "미래 인재의 4대 핵심 역량(4C)"을 창의력(Creativity), 비판적 사고(Critical Thinking), 의사소통 능력(Communication), 협업(Collaboration)이라고 제시했다. 이 네 가지는 AI가 대체하기 어려운 인간 고유의 능력이며, 인성 교육의 확장이라 할 수 있는 다도 교육과도 긴밀하게 연결된다.

초가속화 기술 시대에 맞춰 '창의성과 소통 능력'을 기르는 교육의 중요성이 날로 커지고 있다. 이제 단일 전공 교육이 아닌 융합 전공 교육 시대에는 창의성, 적응력, 소통 능력, 자기 학습 능력, 열린 사고 등의 핵심 역량을 갖춘 인재를 모든 분야에서 요구하고 있다.

다도 교육이 지닌 인성 교육의 가치

다도 교육은 차를 매개로 사람됨의 본질을 익히는 인성 교육의 핵심이다. 우리 선조들은 다도를 행하며 차의 덕을 몸소 실천했다. 차의 품성은 인간에게 전하는 것이라 믿고, 차를 나누며, 예절로 상대를 배려하고, 서로의 마음을 교감하며 공감했다. 다도에 내재된 배려, 공감, 예절, 책임감, 자기 절제는 사람됨을 완성하는 중요한 덕목이다.

다도에 담긴 정신과 효능은 인성 교육의 핵심 역량으로 연결된다. 차와 선이 하나 되는 수행인 '다선일미(茶禪一味)', 화랑도의 '충절 · 화합 정신', 다산 정약용의 '효 중심 사상', 중국 유정량의 '음차십덕(飮茶十德)' 등은 차의 품성으로 체득한 덕목들이다.

한편, 다도 가치를 인성 교육의 관점에서 분석한 연구는 다양하다. 유양석(2018)은 다도로 기를 수 있는 인성 덕목으로, 예, 효, 정직, 배려, 소통, 존중 등을 제시했다. 예지원(2020)은 AI 시대 차 문화와 관련된 핵심 역량을 소통 역량, 인성 역량, 창의 역량으로 구분하고, 이를 위한 교육으로 협업 능력, 인문학적 소양, 창의성 함양을 강조했다. 서정흠(2003)은 차의 정신을 정(精), 행(行), 검(儉), 덕(德), 화(和), 경(敬), 청(淸), 적(寂), 중(中), 정(正) 10가지 덕목으로 분류하며 일상생활에 적용할 것을 주장했다. 또한 임희영(2010)은 다도 교육의 가치를 협력, 양보, 참을성, 배려심, 집중력 향상, 자신감 함양, 경애심, 질서로 제시했다. 김슬아(2021)도 올바른 다도 실천은 자기완성과 더불어 타인에 대한 배려와 존중을 가능하게 한다고 보았다.

결국 다도 교육은 시대의 변화와 관계없이 인간의 가장 중요한 덕목을 길러 주고, AI 사회에서 더욱 필요한 가치를 체득하게 한다.

윤리적 감수성의 개념과 필요성

오늘날 우리는 기술 발전, 문화 충돌, 기후 위기, 정치적 불안정 등 복잡한 문제 속에서 윤리적 판단을 요구받고 있다. 특히 AI 시대가 도래하면서 이런 윤리적 딜레마는 더욱 빈번해질 것이다. 윤리적 판단의 최종 결정은 기술이 아닌 인간의 몫이다. AI 시대일수록 인간은 더욱 높은 윤리적 감수성과 공감 능력을 갖춰야 한다.

이에 김혜영(2020)은 윤리적 감수성을 높이는 세 가지 방법을 제안한다.

첫째, 구체적으로 생각하기다. 나의 행동이 영향을 미칠 사람을 상상해 보고, 누군가의 삶을 시뮬레이션해 보는 것이다. 이 방법은 '공감 능력'을 키우는 데 큰 도움이 된다.

둘째, 전문성 확보다. '아는 만큼 보인다'는 '지즉위진간(知則爲眞看)'이라는 말처럼 지식이 인식을 확장하는 역할을 한다. 폭넓은 지식은 윤리적 판단의 근거를 마련할 수 있다.

셋째, 익숙한 현실에 질문하기다. 당연히 여겨지는 일에도 '왜?', '정말 당연한 것인가?'라는 질문을 끊임없이 던져야 한다. 이런 질문은 세상을 더 민감하고 감수성 있게 바라보는 시각을 길러 준다.

이 모든 요소는 공감 능력으로 요약할 수 있다. 공감은 타인의 심리 상태를 이해하고, 자신의 내면에서 유사한 감정을 느끼는 인지적 · 정서적 정이기 때문이다. 공감 능력의 확장은 윤리적 감수성을 고양시키는 가장 효율적 방법이다.

AI 활용을 통한 윤리적 감수성 회복

AI 시대 윤리적 감수성을 높이는 방법을 몇 가지 제시하면 다음과 같다.

'명상 앱'을 통한 감정 회복

윤리적 감수성 회복은 '명상 앱'으로 실현될 수 있다. 2025년 6월 18~20일 서울 코엑스에서 개최된 국내 최대 메타버스 기술 산업 전시회 'MVEX 2025(Metaverse Expo 2025)'에서 소개된 초개인화 확장현실(XR) 명상앱(MUA)이 대표적인 사례다. 이 앱은 현실과 가상이 결합된 시청각적 콘텐츠로 사용자에게 깊은 몰입 경험을 제공했다. 명상에 익숙하지 않은 사용자도 감정을 이완하고 회복하는 데 도움을 받을 수 있도록 설계되었다.

최첨단 확장현실 기술을 활용한 'MUA'는 앞으로 찻잔을 매개로 감정을 비워 내는 다도 명상에서부터 광활한 우주의 심연을 체험하며 번아웃을 극복하는 공간 명상, 또한 자신과 동기화된 디지털 트윈(Digital Twin)으로 스스로를 관조하는 보디 스캔 명상에 이르기까지 다양한 몰입 경험을 제공할 예정이다. 이 기술은 윤리적 감수성 향상, 정서적 안정, 자기 성찰을 촉진하는 치유적 도구로 확장될 수 있다.

이 콘텐츠는 다도가 하나의 명상임을 직접 경험하게 하며, AI 시대의 '디지털 다도' 실천 가능성을 보여 준다.

도덕적 딜레마 시뮬레이션

AI를 활용한 도덕적 딜레마 시뮬레이션은 청소년에게 윤리 판단력과 책임감을 가르치는 효과적인 도구다. AI는 빅데이터를 기반으로 학생의 감정 상태, 성향, 학습 방식에 맞는 맞춤형 인성 교육 프로그램을 설계할 수 있다. 이는 개별 학생들에게 최적화된 윤리 교육이 가능하다는 의미다.

이런 기술과 인간다움이 조화를 이루는 새로운 교육 모델은 다도를 과거의 전통에 머물게 하지 않고, 인간 회복을 위한 핵심 교육 매체로 자리매김하게 한다.

AI 기반 도덕적 딜레마 시뮬레이션은 다도에서 경험할 수 있는 '선택의 윤리'나 '배려의 판단'을 디지털화할 가능성을 보여 준다. 예컨대, 손님과 주인의 관계, 노인 우선의 자리 배치, 차의 순서 선택 등 다도 속 윤리적 상황을 시뮬레이션 콘텐츠로 구현하면, 문화를 기반으로 한 윤리 교육의 새로운 장을 열 수 있다.

다도를 통한 인성의 회복과 감수성의 재정립

AI 시대의 교육은 지식 전달에 머무르지 않고 인간의 본질을 회복하는 실천적 방안이 필요하며, 그 중심에는 인성 교육과 윤리적 감수성이 있다. 다도는 이를 실현할 수 있는 가장 전통적이면서도 현대적인 방법 중 하나다.

AI는 다도를 전통의 유산에 그치지 않는, 인간성 회복을 위한 실천적 도구로 재해석할 수 있다. 예를 들어, AI 기반 다례 시뮬레이터, 감정 반응형 다도 로봇, 온라인 차 명상 플랫폼 등은 전통적 형식을 유지하면서도 현대인의 감성에 맞는 방식으로 다도의 실천을 유도할 수 있다. 앞으로 다도는 인간다움을 회복하는 미래형 교육으로 이어져야 한다.

참고문헌

권택환(2017.4.28). "인공지능 시대, 인성 교육 어떻게 할 것인가". 브레인미디어, https://www.brainmedia.co.kr/Opinion/19699

김슬아(2021.7), "다도(茶道)를 통한 심리 치료와 인성교육", 동국대학교 불교문화대학원 석사학위 논문, https://www.riss.kr/search/detail/DetailView.do?p_mat_type=be54d9b8bc7cdb09&control_no=9033b989f29a9542ffe0bdc3ef48d419&keyword=%EB%8B%A4%EB%8F%84%EA%B5%90%EC%9C%A1

김혜영(2020.8.3). "윤리적 민감성을 높이는 3가지 방법". https://brunch.co.kr/@hybest77/53#comments

서정흠(2003.12) "'차의 정신' 10가지(十則) 덕목, 어떻게 실천할 것인가?" 《월간 차의 세계》, https://blog.naver.com/PostView.naver?blogId=hetal3221&logNo=60053251217

송경은(2024.10.21). "AI 시대, 인간다움을 기르다: 경기도교육청의 인성 교육", https://blog.naver.com/goe_press/223627216726

숨뮤직(2025.6.21). "MVEX 메타버스 엑스포 2025" XR 명상앱 '무아(MUA)'". https://blog.naver.com/soummusic/223907168875

신종우(2020). "[인공지능시대 미래교육] AI와 공존시대, 알파형 인간이 대안이다". *KOCW,* http://www.kocw.net/home/m/search/kemView.do?kemId=1359171

실버루지(2025.2.2). "AI 디지털 교과서, 혁신일까? 재앙일까? 장점과 문제점 완벽 정리!".

https://blog.naver.com/silverooge/223742690303

유양석(2018). "4차 산업혁명 시대와 차 문화의 사회적 중요성". 《한국차학회지》, 24(4), 10-18쪽, https://www.kci.go.kr/kciportal/ci/sereArticleSearch/ciSereArtiView.kci?sereArticleSearchBean.artiId=ART002421050

이동현(2024.12.2). "영국 옥스포드 사전, 올해의 단어는 '뇌 썩음'(brain rot)". 《한국일보》, https://www.hankookilbo.com/News/Read/A2024120221530000146

인물사전장(2025.3.10). "인공지능 시대, 도덕적 딜레마와 판단: 윤리적 고민과 미래 준비", https://blog.naver.com/exhaust7322/223790820828

「인성 교육진흥법」, https://www.law.go.kr/%EB%B2%95%EB%A0%B9/%EC%9D%B8%EC%84%B1%EA%B5%90%EC%9C%A1%EC%A7%84%ED%9D%A5%EB%B2%95

임희영(2010). "다도 교육이 유아의 정서·행동·사회관계에 미치는 효과". 성균관대학교 박사학위논문, https://dcollection.skku.edu/public_resource/pdf/000000024344_20250919205902.pdf

조선일보(2024.12.30). "AI 잘 활용할 수 있는 인간적 역량, '인성'이 미래 인재의 핵심될 것", https://www.chosun.com/special/special_section/2024/12/30/G5YUQ54KQBHPBGFI6NQRN5OX2A/

Compose me(2024.6.4). "특별한 명상법, 다도명상에 대해 알고 계시나요?". https://composeme.tistory.com/entry/%EB%8B%A4%EB%8F%84-%EB%AA%85%EC%83%81

09
전통 다도의 세계화와 문화 외교 자산 가능성

우리 차 문화를 세계에 알릴 수 있는 문화 외교 자산으로서 가치를 분석하고, 이를 활용할 수 있는 구체적인 방안을 제시한다. '궁중다례'의 확대, 전통 찻사발의 재현, 누정의 다원으로의 재해석, 차 관련 희곡의 공연 예술화, 다도 순례지 개발 등을 통해 다도의 가치를 재조명한다. 이를 바탕으로 콘텐츠와 한류를 연계한 글로벌 전략을 제안한다.

AI와 기자?

전통 다도와 다도 교육의 새로운 가치

오늘날 다도는 치유와 힐링 문화로 자리 잡고 있고, 명상과 결합해 인간관계 회복 수단으로 주목받고 있다. 전통 다도에는 우리 선조들의 정신문화가 깃들어 있다. 다도 교육으로 역사적 맥락과 그 시대의 삶, 철학을 배울 수 있다.

다도와 다례의 개념은 종종 혼용되지만, 그 본질은 차를 매개로 삶을 성찰하고 타인과 마음을 나누는 데 있다. 한국은 다례(茶禮), 일본은 다도(茶道), 중국은 다예(茶藝)로 구분하기도 하는데, 이는 각국의 차를 대하는 방식과 철학적 정신세계에 따른 것으로, 우리만의 독자성을 찾는 것이 중요하다.

박정진(2021)은 "전통은 소리치지 않아도 형성되는 '제2의 자연' 같은 것"이라며, 한국 다도에 대한 새로운 명칭과 행다(行茶)의 모습, '차 철학'의 필요성을 주장했다. 한국 다도는 이제 중국과 일본의 문화와 비교하며 독자적인 정체성을 찾고, 한국 문화의 원형을 복원하는 방향으로 나아가야 한다.

홍승숙(2011)은 현대 다도 교육이 국제화와 정보화 시대에 가치관의 혼란을 겪는 청소년들에게 인간성 회복과 바람직한 가치관을 형성하는 길잡이가 된다고 강조했다. 특히 AI 시대의 다도 교육은 인간 고유의 창의성, 공감 능력, 윤리적 사고를 함양하는 데 적합하다. 잘 갖춰진 차실은 물론, 학교, 사무실, 심지어 자연공간에서도 다도 교육을 진행할 수 있으며, 대상별 맞춤형 프로그램으로 교육 효과를 극대화할 수 있다.

앞으로는 이론 교육에는 챗GPT를, 실습에는 가상현실(VR), 증강현실(AR), 시뮬레이션을 접목하는 등 기술과 전통을 융합한 새로운 다도 교육을 모색하는 것도 의미가 있다.

문화 외교 자산으로서의 다도 콘텐츠

우리나라의 다도는 유구한 역사를 지녔으나 그 가치에 대한 인식과 체계적인 활용은 아직 미흡하다. 다도 관련 콘텐츠는 문화 외교 자산으로서 풍부한 경쟁력을 지니고 있다.

이런 잠재력을 바탕으로 디지털 콘텐츠와 한류 연계를 통한 글로벌 전략을 제안한다.

문화 외교 자산으로서의 '궁중다례'

서울특별시 무형유산으로 지정된 '궁중다례의식(宮中茶禮儀式)'은 한국적 정체성과 격식을 보여 주는 중요한 문화 외교 자산이다. 일부 차 애호가들은 "국제적인 차 행사에서 한국적으로 표현할 수 있는 일상적이면서도 깊이가 있고, 자연스러운 차 표연(表演)을 보기가 어렵다"라고 말한다. 오히려 우리 고유의 다도 표현은 '궁중다례(宮中茶禮)'에서도 충분히 확인할 수 있다.

《조선왕조실록》에 따르면 조선 시대 공식적인 '다례'는 일정에 따라 다양한 명칭으로 불렸다. 조선 시대 전기에는 손님을 맞이하는 접빈다례(接賓茶禮)를 중심으로, 영접다례(迎接茶禮), 연회다례(宴會茶禮), 감사다례(感謝茶禮), 전별다례(餞別茶禮), 별다례(別茶禮) 등이 행해졌다. 조선 시대 후기에는 정전다례(正殿茶禮), 편전다례(便殿茶禮), 하마다례(下馬茶禮) 같은 독립된 다례 의식으로 거행되기도 했다. 특히 왕실의 중요 의전 행사에서 접빈다례는 필수적인 행사였고, 궁중 잔치인 진연에서는 '진다의식(進茶儀式)'이 추가됨으로써 '궁중다례'의 중요성이 더욱 커졌다.

'궁중다례'의 다양한 명칭과 형식은 콘텐츠를 담고 있어 재해석되고 확장될 여지가 크다. '궁중다례'는 비록 종묘제례악보다 규모는 작지만 풍부한 콘텐츠를 담고 있기에 이를 정밀 복원하고 전수자를 양성해 국가적인 차원에서 문화 외교 자산으로 알린다면 큰 경쟁력을 가질 수 있다.

문화 외교 자산으로서의 차 도구

일본인들이 '고려다완(高麗茶碗)'을 '고라이자왕', 즉 '고려에서 온 그릇'이라고 부르며 신(神) 다음으로 숭배했다는 사실은 우리 차 도구의 뛰어난 가치를 증명한다. 동양 미술사학자인 코벨(Jon Carter Covell)은 "일본에서 열리는 차회 행사에서 손님들은 찻그릇을 두 손으로 받쳐 들고 조심스럽게 감상하는 시간을 갖는다"고 언급했다. 이에 대해 박정진(2021)은 "한국은 이도(井戶) 다완을 만든 나라이지만 자신이 가진 자연미를 섬길 줄 모르고, 일본은 그러한 그릇을 만들지 못했지만 그것을 섬길 줄 아는 나라"라며 양국의 시각을 대별했다.

수십 년 전, 일본 가고시마현(鹿兒島縣)의 사츠마야키(薩摩燒)를 방문한 적이 있었다. 이때 지금은 고인이 된 14대 심수관 님과의 우연한 만남이 있었다. 그는 조선식 가마를 고집하며, 과거 일본으로 끌려간 도공 박평의(朴平意)와 함께 '불만 일본 것이고, 나머지는 조선의 솜씨'라는 뜻의 '히바카리(火計り) 다완'을 제작해 우리 다완의 명맥을 이어 오고 있는 풍격(風格)을 보여 주었다. 우리나라와 일본의 다도는 다도의 형태와 도구도 다르지만, 고려다완의 가치를 발전시키고 계승해 문화 외교 자산으로 적극적으로 홍보할 필요가 있다.

현재, 경기도 이천과 여주, 충북 문경 등 우리나라의 주요 도자기 생산지에는 수많은 도자기 명인과 명장들이 활동하고 있다. 이러한 인적 자원과 전통 기술을 바탕으로 고려다완뿐만 아니라, 다양한 차 도구의 가치를 계승 · 발전시킨다면, 우리 차 문화의 정체성을 확립하고 이를 문화 외교 자산으로 세계에 널리 알릴 수 있을 것이다.

문화 외교 자산으로서의 누정(樓亭) 문화

누정(樓亭)은 누각(樓閣)과 정자(亭子)를 아우르는 말로, 누(樓), 정(亭), 각(閣), 당(堂), 헌(軒) 등을 일컫는다. 누정(樓亭)은 주거 공간이 아닌 자연을 감상하고, 휴식을 취하며, 시문(詩文)을 읊고, 풍류를 즐기던 공간이었다. 이러한 이유로 누정은 산, 계곡, 강변, 호수, 바닷가 등 경치가 뛰어난 곳에 세워졌으며, 정사(精舍)나, 향교 및 서원의 문루(門樓)로 활용되기도 했다. 우리 선조들은 누정을 조망, 휴식, 문학 및 학문, 군사적 목적으로 활용해 왔다.

특히 이순임(2013)은 누정이 시단(詩壇)을 형성하고,

악회(樂會)를 열고, 차 문화를 즐기는 공간을 이루었으며, 가족과 친구들 간의 활발한 소통이 이뤄졌다고 언급했다. 고려 시대에도 궁중에서는 누정을 지어 차를 마시며 사신을 맞이하는 용도로 썼다. 이제 그 기능이 쇠퇴한 누정을 '다원(茶園)'으로 재해석해 문화 외교 자산으로 활용한다면 우리만의 독특한 문화를 세계에 알리는 의미 있는 일이 될 것이다.

문화 외교 자산으로서의 공연 예술

다도를 시연에 그치지 않고 짜임새 있는 스토리를 담은 공연 예술로 승화시킬 필요가 있다. 차를 의인화한 김부식의 《삼국사기》 중 설총 전 '화왕계(花王戒)'나 20세기 초 중국 서부 감숙성(甘肅省)의 돈황(敦煌) 막고굴(莫高窟) 제17굴에서 발견된 돈황문서(燉煌文書) 중 당나라의 진사 왕부(王敷 또는 王敫)의 《다주론(茶酒論)》, 그리고 1576년 일본 란슈쿠 겐슈(蘭叔玄秀)의 《주다론(酒茶論)》은 모두 희곡체 산문이다. 이런 차 관련 희곡체 산문을 현대적으로 재해석하거나, 차를 즐기던 역사적 인물들의 차시(茶詩)를 바탕으로 새로운 희곡을 창작하는 등 다양한 시도로 다도를 무대에 올린다면, 차 문화를 대중에게 더 가깝게 전달하고 공감대를 형성할 수 있을 것이다.

문화 외교 자산으로서의 다도 순례지

최근 건강에 관한 관심이 높아지면서 차를 즐기는 사람들이 늘어나고 있다. 여기에 역사적 인물에 관심이 있는 일반인들에게 차와 관련 있는 역사적 인물들의 탄생지나 활동 지역을 '다도 순례지'로 콘텐츠화해 역사와 문화를 연결하는 매개로 활용할 수 있다.

조선 시대의 김종직(金宗直), 김시습(金時習), 이목(李楘), 서산대사(西山大師), 정약용(丁若鏞), 김정희(金正喜), 초의선사(草衣禪師) 등 차인들의 출생지나 그들이 활동했던 서원과 사찰 등을 연계한 다도 순례 코스를 개발한다면 훌륭한 문화 외교 자산이 될 수 있다. 특히 이행철 · 김일림(2021)은 신라 최치원이 지은 "쌍계사진감선사비명(雙磎寺眞鑑禪師碑銘)"의 '수진오속(守眞忤俗)'을 한국 차 문화 역사상 최초의 다도 정신으로 해석해, 최치원이 국제적 차인이며 최초로 차 생활을 한 다도의 경지에 이른 전인적 차인으로 발표한 바 있다. 신라와 당나라를 오가던 국제인이었던 그의 활동 지역은 다도 순례지로서 중요한 의미를 지닌다.

이처럼 역사 속 차인들은 차만 즐겼던 사람들이 아니라 한 시대의 정치, 문화, 사회를 아우르는 시대정신을 대표하는 인물들이었다. 따라서 그들의 발자취를 되짚어 보는 것도 의미 있는 경험이 될 것이다.

느림을 여유로 바꾸는 다도 교육의 세계화 가능성

"임금의 의자는 서벽(西壁)에 동향해 설치하고, 사신의 의자는 동벽(東壁)에 서향해 설치하며, 향안(香案)은 북벽에 설치한다. 임금과 사신이 읍(揖)을 한 다음 자리에 앉는다."

서울특별시 무형유산 '궁중다례의식(宮中茶禮儀式)'의 일부다. 현대의 빠름과는 거리가 먼 '느림'의 미학을 볼 수 있다. 이 느림의 행위에는 절제, 여유, 공경, 감사, 그리고 무엇보다 품위와 격조가 담겨 있다.

다도에는 사람을 사람답게 만드는 힘이 있으며, 이는 정신적 · 신체적으로 힘든 현대인들에게 꼭 필요한 가치다. '느림'을 '여유'로 바꾸는 다도 교육은 속도 중심 사회에 지친 사람들에게 깊은 울림을 줄 수 있다. 한국의 문화적 정체성을 담은 세계적인 교육 콘텐츠로 성장할 잠재력을 가지고 있다.

다도 세계화를 위한 실천 전략

다도 교육을 세계화하려면 차 문화와 철학을 소개하는 것 이외에도 다른 문화의 융합 가능성과 체계적인 제도적 기반을 갖춘 전략이 필요하다.

첫째, 전통 다례 절차를 다양한 언어로 번역한 콘텐츠와 다문화적 맥락을 고려한 교육 모듈을 개발한다.

둘째, 해외에 있는 세종학당이나 한국문화원과 연계해 다도 워크숍, 전시회, 다례 시연 등을 정기적으로 개최함으로써 사람들이 직접 체험할 기회를 제공한다.

셋째, K-팝, 한식, 한복 등 기존 한류 콘텐츠와 결합한 다도 체험 융합 프로그램을 기획해 젊은 세대의 관심을 유도한다.

또한 디지털 전환 시대에 맞게 다도 콘텐츠를 글로벌 플랫폼화하는 것이 중요하다. AI 기반 다도 교육 앱을 개발하거나 다례 시연을 메타버스에 구현하고, 전통 찻사발을 NFT코인으로 전환하는 등의 시도는 세계 시장에서 다도의 문화적 경쟁력을 확보하는 수단이 될 수 있다. 이 전략들은 국제적 문화 교류의 중심에서 한국이 주도적인 역할을 하는 발판이 될 것이다.

참고문헌

김신연(2013). "한중일 차 문화 비교". 《문명연지》, 14(2), 한국문명학회, 299-336쪽, https://www.riss.kr/link?id=A100106003

명원문화재단, https://www.myungwon.org/

박경숙(2025). 《한국 다도의 기원과 사상적 배경》. 브런치북, https://brunch.co.kr/@3cbe431230de42b/4036
박정진(2021). 《초암차와 한국차의 원류를 밝힌 차의 인문학 1》. 차의세계.
서울시청, https://www.seoul.go.kr/main/index.jsp
유병희(2023.2). "한·중·일 차(茶)문화공간 및 사상 연구". 목포대학교 박사학위논문, https://dcollection.mokpo.ac.kr/public_resource/pdf/000000023672_20250920011917.pdf
이귀례(2002). 《한국의 차 문화: 우리 차의 역사와 정신 그리고 규방다례》. 열화당.
이순임(2013.8). "차(茶)문화와 누정(樓亭)문화의 상관성 연구". 조선대학교 박사학위논문, https://chosun.dcollection.net/public_resource/pdf/200000264077_20250919212211.pdf
이행철·김일림(2021.12). "차인(茶人) 최치원 연구". 《동아인문학》, 57, 411-444쪽, https://www.dbpia.co.kr/journal/articleDetail?nodeId=NODE10893642
홍승숙(2011.4). "차 문화교육을 통한 대안교육연구". 원광대학교 석사학위논문, https://wonkwang.dcollection.net/public_resource/pdf/000001991810_20250920012220.pdf

10
AI 시대, 다도 교육의 정책과 과제

AI 시대에 다도 교육이 나아가야 할 방향을 탐색하고, 미래의 위상을 제시한다. 전통적인 대면 교육의 한계를 넘어 AI 기술을 적극적으로 활용하는 방안을 제시하는 한편, 다도 문화 보존과 계승을 위한 구체적인 과제로 '궁중다례'의 고증 및 아카이빙, 'K-다도, 궁중다례'의 세계화 전략, 사라질 위기에 처한 왕실의 차 문화를 보존하기 위한 AI 활용 방안을 제안한다.

새로운 패러다임으로서의 다도 교육

전통적인 다도 교육은 차를 우리고 손님을 접대하는 과정에서 차의 정신과 예절을 자연스럽게 교류하는 대면 교육을 중심으로 이루어졌다. 이제 다도 교육도 전통적인 대면 교육에만 머무르지 않고, 시대의 흐름에 따라 변화하는 것이 불가피하다.

AI 시대, 다도 교육의 방향

AI 시대의 다도 교육은 AI와 디지털 소양을 함양하는 방향으로 나아가야 한다. 홍영일(2024)은 AI와 인간의 협업을 기반으로 한 새로운 예절 교육 시스템을 제안했다. 이 논의에 기반해 다도 교육도 새로운 시스템을 모색해 볼 수 있다.

첫째, 몰입형 교육의 도입이다. 가상현실(VR)과 증강현실(AR) 기술을 활용해 차실에 가지 않고도 다양한 공간과 상황에서 다도 의식을 경험할 수 있다.

둘째, 프로젝트 학습 도입이다. AI 융합 교육에서 도덕적 가치관 함양을 위해 프로젝트 학습이 효과적이라고 주장한 황선락(2024)의 견해처럼, 다도 교육에도 프로젝트 학습을 도입해 창의성과 정보 처리 역량을 키울 수 있다.

셋째, 메타버스 융합이다. AI와 메타버스를 결합한 다도 교육 프로그램을 개발해 가상 공간에서 차 문화를 교류하고 학습하는 방법을 모색할 수 있다.

넷째, 챗GPT 활용이다. 챗GPT 같은 대화형 AI를 활용해 다도의 정보를 쉽고 재미있게 습득하는 교육 프로그램을 개발한다.

차 문화에는 차 도구, 예절, 음악, 공간 구성 등 다양한 문화적 요소가 내포되어 있다. 이러한 콘텐츠들을 AI 교육 자료로 개발해 누구나 활용하고 재구성할 수 있도록 제공한다.

국가적 차원에서의 정책적 방향

무형 문화유산은 세대 간에 전해지는 전통적인 지식과 기술로, 우리 민족의 정체성을 확립하는 데 큰 역할을 수행하고 있다.

우리나라의 차 문화유산은 다례 의식에서 시작되었다. 2001년 '궁중다례의식(宮中茶禮儀式)'이 서울특별시 무형유산으로, 2002년 '규방다례(閨房茶禮)'가 인천광역시 무형유산으로 지정되었다. 뒤이어 2016년 '제다(製茶)'가 국가 무형유산으로 지정되었다. 현재 국가에 등록된 차 관련 문화유산은 제다 1건, 시 · 도 무형 문화유산 2건에 불과하다. 다행히 2019년 고종 황제 · 명성황후 다례발기(高宗皇帝 · 明成皇后 茶禮發起)가 경상남도 유형 문화유산으로 지정된 사례처럼 지속적인 연구를 진행해 찻사발, 복식 등 차 관련 유산을 발굴해 문화유산으로 지정하고 이를 보존 · 계승해야 한다.

학교 교육 과정 편성 전략

시대를 불문하고 인성 교육은 교육의 핵심 과제로 여겨져 왔다. 특히 다도 교육은 예절과 절제, 배려를 내면화할 수 있는 효과적인 인성 교육 방법으로 지속적으로 주목받고 있다. 다도 교육이 청소년이나 성인들의 긍정적인 인성 함양에 바람직하다는 다수의 연구 결과가 이를 뒷받침한다. 이들 연구는 다도 교육의 학교 교육 과정 편성을 지속적으로 제안해 왔다.

그러나 여러 차례 교육 과정이 개정되었음에도 다도 교육 과정은 정규 학교 교육 과정으로 편성되지 못하고 방과 후 교육 활동으로 명맥을 유지하고 있다. 이마저도 모든 학교에 도입되지 못하고 있는 실정인데, 이는 여러 제반 요인들이 복합적으로 작용하기 때문이다.

오늘날의 AI 사회에서는 인간의 감성과 인성이 더욱 중요해지는 만큼, 인성 함양에 효과적인 다도 교육을 수업 콘텐츠로 도입할 필요가 있다. 향후 다도 교육 과정 편성을 위해 다도 교사 양성, 교육 과정 개발 등의 지속적인 노력이 필요하며, 학습 활동에 엔터테인먼트적 요소를 가미해 흥미를 유발해야 한다.

AI 시대 다도 교육의 과제

AI 시대 다도 교육을 제도화하고 문화 자산으로 활용할 수 있는 몇 가지 방안을 제시하고자 한다.

'궁중다례'의 정확한 해석 및 고증

《조선왕조실록》, 《국조오례의》, 《승정원 일기》, 《일성록(日省錄)》, 《통문관지(通文館志)》 등 문헌에 나오는 '궁중다례'는 국가 예법의 일부이자 권력의 상징이었다. 공식 기록에 의하면, 조선 시대 '궁중다례'는 내시부(內侍府)에서 엄격하고 정형화된 형식으로 거행되었다고 한다. 이처럼 조선의 왕과 신하, 왕실 가족 간의 다사(茶事)는 신분 위계에 따라 엄격하고 철저한 의식으로 이뤄졌다. 조선 시대의 '궁중다례'는 크게 접빈다례와 제사다례로 나뉘었다.

정서금(2018)은 "조선 '궁중다례' 문화의 원형을 복원하는 일은 매우 힘든 일"이라며 "몇몇 뜻있는 선학(先學)

들이 '궁중다례'의 원형을 발굴하고, 새롭게 정립하려는 노력을 계속해 왔으며, 서울특별시 무형유산 '궁중다례 의식'의 지정에도 큰 역할을 했다"라고 말한다.

현재 서울특별시 무형유산인 '궁중다례의식(宮中茶禮儀式)'은 접빈다례(接賓茶禮)를 중심으로 전승되고 있다. 하지만 제사다례를 포함한 다양한 형태의 의식을 고증하고 문서화해 아카이빙하는 작업이 시급하다. 정확한 고증을 바탕으로 복원될 때, 우리 문화의 정체성과 고유한 가치를 세계에 효과적으로 알릴 수 있다.

문화 외교 자산으로서의 "K-다도, 궁중다례" 홍보

전 세계적으로 K-컬처(K-culture)가 대세인 만큼, 우리 전통문화에 초점을 맞춰 'K-다도, 궁중다례'를 세계에 알릴 필요가 있다. '궁중다례'는 기록이 풍부하고 경우에 따라 음악이 곁들여지는 화려하고 장엄한 의례였기에 충분한 경쟁력을 갖추고 있다.

'궁중다례'가 찬란한 궁중 문화이자 독특한 조선의 전통문화임을 인식하고 국가와 교육 기관이 힘을 합쳐 이를 전통문화 콘텐츠로 만들고 전승자를 육성해 'K-다도, 궁중다례'로 세계화할 필요가 있다.

왕실 차 문화 보존

우리나라에도 황손이 존재한다는 사실을 아는 사람은 얼마나 될까? 고종 황제의 후손들은 현재까지도 황실에서만 전수되는 특별한 다례, 즉, 진전다례(進奠茶禮)와 작헌례(酌獻禮) 등을 이어 가고 있다. 그러나 이 귀중한 문화유산은 황실 세대가 바뀌면 사라질 위험이 매우 크다.

이준 황손이 "황실 가족의 추석 명절: 진전다례와 작헌례"를 통해 밝힌 바와 같이, 황실의 차 문화는 어려운 여건에서 명맥을 유지하고 있다. 그러므로 황실의 다례 문화가 원형을 잃기 전에 "황실 가족의 추석 명절: 진전다례와 작헌례"를 디지털 큐레이션(Digital Curation)을 기반으로 기록 및 계승해야 한다.

한편, 박라미 외(2025)는 "AI를 활용한 멀티모달 분석 기반 디자인 언어 이해"에서 '멀티모달 기반 I2T 생성 방법론'으로 AI 기반 예술 교육 및 디지털 문화유산 보존에 활용할 수 있는 모델을 제시했다. 이러한 AI 활용 방안을 마련해 사라질 위기에 처한 왕실의 차 문화를 지켜야 한다.

해외 한국어 교육과 다도 연계 전략

전 세계적으로 한국어와 한국 문화를 가르치는 세종학당, 한국학과, 한국문화원 같은 기관들은 꾸준히 증가하고 있다. 이들 해외 교육 기관은 주로 한국어 교육을 진행하지만 학습자의 흥미를 끌고 문화적 맥락을 효과적으로 전달하기 위해 다양한 문화 콘텐츠를 접목하고 있다. 이때 다도는 한국 전통문화의 상징성과 함께 예절, 절제, 배려 같은 핵심 가치를 함양할 수 있는 이상적인 콘텐츠다.

다도 체험을 한국어 수업과 연계하면 학습자들은 자연스럽게 복식, 차 도구 사용법 등 몸짓과 예절로 이루어진 비언어적 문화를 익히게 된다. 예를 들어, '손님에게 차를 권하는 표현'이나 '다례 절차를 설명하는 문장'을 실제 상황에 맞게 한국어로 배우고 직접 수행하는 활동을 바탕으로 언어와 문화가 통합된 몰입형 교육이 가능하다. 이러한 학습자의 문화적 감수성을 높이고 한국어에 대한 흥미와 동기를 강화하는 데 매우 효과적이다.

나아가 AI 기술을 활용해 다도 체험 수업을 영상 콘텐츠로 제작하거나, 다도 절차를 인터랙티브하게 체험할 수 있는 온라인 플랫폼을 구축한다면, 현지 교사와 학습자 모두가 더욱 쉽게 접근할 수 있다.

이와 같은 전략은 한국 다도의 세계화 기반을 마련함과 동시에 글로벌 한국어 교육의 질을 높이는 계기가 될 것이다.

참고문헌

국조오례의,
https://db.history.go.kr/joseon/item/level.do?levelId=jlawb_220

김봉주(2024.8). "디자인 중심 모형(NDIS)기반 초등학생 대상 인공지능(AI) 교육프로그램의 효과성 분석". 한국교원대학교 석사학위논문,
https://dcollection.knue.ac.kr/public_resource/pdf/000000042193_20250920014707.pdf

김슬아(2021.7). "다도(茶道)를 통한 심리치유와 인성 교육". 동국대학교 석사학위논문,
https://www.riss.kr/search/detail/DetailView.do?p_mat_type=be54d9b8bc7cdb09&control_no=9033b989f29a9542ffe0bdc3ef48d419&keyword=%EB%8B%A4%EB%8F%84%EA%B5%90%EC%9C%A1

문화재청(2016.12.12.). "한국 '제다(製茶)'의 보존가치와 전승방안을 논하다",
https://www.khs.go.kr/newsBbz/selectNewsBbzView.do;jsessionid=WBn3o1JFsaGi0hTZDSWq1KCH6tB0KTj57abVaF0TH3n9ePvHlHDaaGf3kosI0BHw.cha-was02_servlet_engine1?newsItemId=155700091&sectionId=b_sec_1&pageIndex=532&mn=NS_01_02_01&strWhere=&strValue=&sdate=&edate=

박라미 외(2025). “AI를 활용한 멀티모달 분석 기반 디자인 언어 이해: 가우디 건축 사례를 중심으로”. 《디지털콘텐츠학회논문지》, 26(5), 1161,1169쪽, https://www.kci.go.kr/kciportal/ci/sereArticleSearch/ciSereArtiView.kci?sereArticleSearchBean.artiId=ART003204539

박숙희(1994.12). “韓國茶禮研究”. 한국교원대학교 석사학위논문, https://dcollection.knue.ac.kr/public_resource/pdf/000000006960_20250923124955.pdf

부경대학교 역사문화연구소(2008). 《조선 시대 궁중다례의 자료해설과 역주》. 민속원.

사동궁(2024.10.3). “대한황실가족의 명절 – 왕실가에서 전해지는 진전다례, 별다례, 성묘 작헌례”, https://blog.naver.com/sadonggung/223605373162

송승준(2024.8). “삶과 앎을 위한 초등 도덕과 인공지능 교육 프로그램 개발”. 한국교원대학교 석사학위논문, https://dcollection.knue.ac.kr/public_resource/pdf/000000042214_20250920015753.pdf

승정원 일기, https://kyudb.snu.ac.kr/series/main.do?item_cd=SJW#none

신명호 외(2008). 《조선 시대 궁중다례의 자료해설과 역주》. 민속원.

안무정·강태임(2023). “디지털 트랜스포메이션 경영을 위한 챗GPT 사용자 경험(UX) 디자인 평가: 오픈AI 챗GPT와 마이크로소프트 빙 챗GPT 교차활용을 중심으로”. 《한국디자인문화학회지》, 29(2), 237-247쪽, https://www.kci.go.kr/kciportal/ci/sereArticleSearch/ciSereArtiView.kci?sereArticleSearchBean.artiId=ART002969904

윤병화(2023). “국가무형문화재 ‘제다’의 문화 콘텐츠 강화 방안 연구”. 《차문화산업학》, 60, 55-72쪽,

https://www.kci.go.kr/kciportal/ci/sereArticleSearch/ciSereArtiView.kci?sereArticleSearchBean.artiId=ART002977102
일성록, https://kyudb.snu.ac.kr/series/main.do?item_cd=ILS
정서금(2018.8). "조선 시대 궁중다례 연구". 목포대학교 박사학위논문, https://dcollection.mokpo.ac.kr/public_resource/pdf/000000022170_20250920020120.pdf
조선왕조실록, https://sillok.history.go.kr/main/main.do
통문관지, https://db.history.go.kr/joseon/item/level.do%3Bjsessionid%3DnzOENq6M35monAjxO-YwBtGuGhzOyZyHIvxaMXKL.node30?levelId=jlawb_680
홍영일(2024). "AI시대의 예절혁명: 인간의 연민과 AI의 공감이 만드는 새로운 문화". 《예절·차문화연구》, 7, 13-28쪽, https://dl.nanet.go.kr/search/searchInnerDetail.do?controlNo=SERL1201100272
황선락(2024). "인공지능과 메타버스를 융합한 나라사랑 교육 프로그램 개발 및 적용: 초등학교 5학년을 중심으로". 한국교원대학교 석사학위논문, https://dcollection.knue.ac.kr/public_resource/pdf/000000042005_20250920020252.pdf

윤병화

국민대학교 대학원 미술관박물관행정학 석사를 마치고, 대전대학교 대학원에서 역사문화학 박사 학위를 받았다. 세경대학교 교수를 거쳐 현재 원광대학교 연구교수로 재직 중이다. 영월근현대생활사박물관 관장, 국제차 문화학회 이사, 국사편찬위원회 사료조사위원, 영월군청 농촌협약사업 기초계획단 자문위원, 영월문화관광재단 이사 등을 맡아 활발한 대외 활동을 펼치고 있다. 주요 경력으로는 쉼박물관 학예실장, 옛터민속박물관 학예연구사, 동산박물관 학예연구사를 역임했으며, 한남대학교, 국민대학교, 동양대학교, 세명대학교, 대전시민대학 등에서 강사로 활동했다. 또한 한국연구재단 평가위원, 영월군청의 정책자문단 및 다양한 위원회의 심의위원으로 참여하며 문화 발전에 기여했다. 주요 저서로는 《영월 의인 연구》, 《박물관학》, 《신박물관학》, 《전시기획입문》, 《민속학입문》, 《소통하는 박물관》, 《자기주도리더십》, 《취업과 창업》 등 20권이 있으며, "인공지능 시대 다도 교육 연구", "차 박물관의 교육 프로그램 활성화 방안 연구", "국가 무형문화재 '제다(製茶)'의 문화 콘텐츠 강화 방안 연구" 등 80여 편의 논문을 발표하며 박물관학, 역사 문화, 차 문화 분야에서 활발한 연구 활동을 이어 가고 있다.

경혜영

고려대학교 교육대학원에서 역사교육으로 석사 학위를 취득하고, 성균관대학교 생활과학대학원에서 생활예절·다도 전공으로 두 번째 석사 학위를 받으며 학문의 폭을 넓혔다. 이후 경기대학교 대학원 교육정책학과에서 다문화교육 전공으로 박사 학위를 취득하며 교육 철학과 사회 문화 전반에 대한 깊이 있는 이해를 더했다. 호야지리박물관 학예연구사로 활발히 활동하고 있으며 학계와 사회 전반에 걸쳐 다양한 역할을 수행하고 있다. 특히, 성균관대학교 유학대학원 생활 예절·다도 전공 학술국장, 동문회장을 맡아 우리 전통 예절과 다도 정신을 연구하고 알리는 데 중추적인 역할을 하고 있다. 한국걸스카우트 경기남부연맹 연맹장을 맡아 청소년 교육과 리더십 함양에도 힘썼다. 교육 분야에서는 오랜 기간의 경험을 바탕으로 시흥은행중학교와 성포고등학교 교장을 역임하며 교육 현장을 이끌었다. 더불어 경문대학교, 성균관대학교, 경기대학교, 세경대학교, 배화여자대학교 등에서 강사로 후학 양성에도 꾸준히 기여해 왔다. 주요 저서로는 《공감생활예절》(공저), 《신박물관학》(공저) 등이 있다.